神さまと神はどう違うのか?

上枝美典 Ueeda Yoshinori

JN036451

★――ちくまプリマー新書
429

目次 ＊ Contents

はじめに……11

第一章　神さまはいるか……17
1　人はなぜ神さまを信じてしまうのか……17
2　信じているから事実だとは限らない……22
3　それでも地球は動いている……26
4　神さまなんかいない……27
5　神さまと仏さま……30
6　ひと言で自由とは言うけれど……31
7　悪いのはおまえじゃなくておれなのか……35
8　いろいろやってみましたが、これが限界です……36
9　神さまが強すぎて不自由なんですけど……40

第二章　神はいるか……45

1 神さまのうしろに神がいる！……45
2 あっと驚く証明……47
3 思っているだけじゃない……52
4 存在するアンパンマン、だと？……54
5 そこは修道士が反論します……57
6 平行世界だの可能世界だの……61
7 矛盾さえなければ、それだけでいい……64
8 広がる思い……68

第三章 神と存在……69

1 神さまはどんな姿？……69
2 「がある」と「である」……71
3 「である」を使った証明……74
4 第一動者……76

5 自然の英知……80
6 ルールを決めろ！……82
7 一神教は手間がかかる……84
8 「がある」を使った証明……86
9 自己原因と存在それ自体……88
10 「がある」への挑戦……91

第四章 死後の生……95

1 私たちはどこから来てどこへ行くのか……95
2 死んでも残るもの……99
3 プラトンの話を聞いてみよう……102
4 生から死へ、死から生へ……104
5 学ぶのではなく思い出すのだ……109
6 学ばないものは思い出すのか？……113

7 赤い色はどこにあるのか……115
8 赤い色は脳の中にもない……120
9 触れた感じ……122
10 音や音楽も……124
11 見当外れの答え……126
12 アンドロイド、またはゾンビ……128
13 夢かうつつか……131
第五章 魂と私……135
1 四つの不思議な話……138
2 四つの不思議な話のまとめ……146
3 思考実験には気をつけよう……152
4 宇宙人は何を見落としているか……153
5 今の自分は好きじゃない……156

6 自分と自分以外のものの境界線……158
7 自我とΩ……161
8 Ωとしての私……162
9 私は輪廻転生するのだろうか？……164
10 もう一つの誤解……166
11 世界に一つだけのΩ……168

第六章 神と世界……171
1 大いなる矛盾？……171
2 汎神論という大胆な答え方……173
3 体と心は同じもの……177
4 「知る」ということ……182
5 あるのでもないのでもないもの……188
6 もう一度クオリアの話……190

7 Ωの逆襲……193

第七章 信じるということ……197
1 証拠がないものを信じてはいけない……200
2 信仰はバクチだ……203
3 神さまの声が聞こえる人……209
4 本当のことを正しく思う……212
5 信頼性が大切です……214
6 徳認識論……217
7 神さまを感じる感覚……221
8 正しい道の尋ね方……225
9 知らないおじさん……226
10 安全な信仰の見分け方……230
11 伝達から創造へ……232

読書案内・参考文献……234
あとがき……239

イラスト　大高郁子

はじめに

私はずっと神さまや宗教のことが気になっています。だから今から四十年（！）くらい前に哲学を勉強しようと決めたときも、神さまのことも考えられるように、西洋中世哲学史という領域を選びました。西洋中世はキリスト教の世界ですので、主にキリスト教が話題になるのですが、私にとってそれはどうでもいいことで、当時は仏教にもかなり関心がありました。毎朝、般若心経《はんにゃしんぎょう》を新聞広告の裏に筆ペンで一回書いてから、トマス・アクィナスなど西洋の思想家の本を読み、疲れてくると座禅を組んでうとうとする、という生活をかなり長い間していましたが、自分としては何の違和感もありませんでした。

神さまや宗教のことが気になるのはどうしてなのか、自分でもわかりません。気がつくと気になっていて、なんとなくしっくりこない。しっくりこないからよけいに気になって、ともかく、落ち着いた感じがしない。だけどぜんぜん手が出ない問題というわけではなくて、手がかりはあちこちにあるように思え、どこかうまくいってないところがあるけれども、ひょっとすると自分だったらそれを解決できるんじゃないか、これは一つ腰を据えて解明してからじゃないと先に進めない、と思っているうちに今がある、というのが実感です。

しかしこの点を除けば、私自身は、宗教に関してごく平均的な日本人だと思います。特に何かの宗教に属しているわけでもありませんし、というより、自分がどの宗教に属しているかということをあまり考えたことがありません。生まれ育った実家に神棚はありましたが、仏壇《ぶつだん》はありませんでした。しかし法事はあって、お坊さんがお経を読むのを痺《しび》れた足を我慢しながら聞いていた記憶はありますので、自分が知らないだけで、どこかの檀家なのかもしれません。もしそうなら私は仏教に属していることになるのかな。しかし結婚式は神道でした。たぶん葬式は仏式になるのかなとぼんやりとイメージしていますが、それも、もし葬式をしてくれるなら、送ってくれる方々のご都合に合わせてもらってまったく問題ないと思っています。

縁起《えんぎ》でもなく冒頭から遺言みたいになってしまいましたが、気を取り直して、この本について少しだけ説明しておきます。書き始める時点で、私は、哲学の視点から見て宗教のどんなところが面白いのかを、なるべくわかりやすく、しかし手を抜かないでお話ししたいと思っています。タイトルにある「神さま」と「神」は、信仰の対象としての「神さま」と、哲学の中で問題になってきた「神」にそれぞれ対応しています。「神さま」という宗教的なものと比較対照させることによって、「神」という哲学的な問題の魅力を感じてもらう、また逆に、哲学的な「神」と対照させることで、信仰の対象としての「神さま」の位置づけについて理解を深めてもらう、ということを期待しています。

第一章は、「神さま」と「神」の対比が比較的わかりやすいかたちで現れている議論から始めたいと思います。それは「悪の問題」と呼ばれるよく知られた議論ですが、西洋の「神さま」と日本など東洋の「神さま（仏さま?）」の違いにも関心をもってもらえると思います。

第二章と第三章では、「神」をめぐる哲学の議論を紹介します。さまざまな神の存在論証を見ていくことで、そこで問題になっていることが何なのか、何が面白いのかということを、とくに信仰の対象である「神さま」との関係に目を向けて、西洋思想の迫力を感じてもらえればと思います。一つ種明かしをすると、第三章で出てくる「がある」存在というのが、本書を貫く裏テーマです。

第四章は、少し目先を変えて、魂の話をしてみます。宗教と言えば魂でしょう。面白いことに、魂は西洋哲学の中でも、不動の人気を誇るテーマです。そしてそれは決して過去の話ではなく、この科学技術が咲き誇る現代においても、魂の問題はリアルな関心を引き起こし続けています。哲学の中で魂がどのように考えられてきたのか、そして、いま、どのように考えられているのか、ということを感じてもらえればと思います。

第五章は、第四章に続いて魂の問題ですが、もう一歩踏み込んで、「私」の問題を取り上げてみました。かりにソクラテスが言うように、身体が滅んでも魂は滅ばないのだとしても、その魂が私でなければ、意味がありませんよね。でも私とは何か、自己とは何か、という問題は、例えば禅仏教などでも重要な問いとして扱われてきたように、一筋縄ではいかない問題です。本書では、第三章の「がある」存在と絡めながら、神とは何かという問いと、私とは何かという問いが奇妙に共鳴して、不思議な音色を奏でる様子も紹介しようと思います。

　第六章は、第三章から派生するある問題を扱います。それは、絶対的に無限な神が存在しているのに、なぜ、神でないものが存在しているのか、という素朴な疑問です。とくにキリスト教では、この世界は、神によって神の外に、無から創造されたと言います。しかし、神の外とはどこでしょうか。無限な神に外側などあるのでしょうか。この問題を、汎神論という別のシステムと比較しながら考えてみたいと思います。それを通して、「がある」存在がもつ一つの重要な性格がおぼろげに見えてきます。

　最後の第七章は、「神」の話から再び「神さま」に視線を向け直して、信仰の問題を取り扱います。昔から、信仰と理性の対立と言われて、哲学と宗教は対立するものだとされてきました。たしかにその側面はありますが、信仰について、哲学は以前とはやや異なる側面から考えるようになっています。「神さま」は宗教、「神」は哲学、と冷たく切り離しているように見えて、神さまを信じるということ自体は、哲学から見ても非常に気になる問題なのです。その現代的な展開について、少しお話ししたいと思います。

私は本書を、私と同じように神さまや宗教のことが気になっている人に向けて書きました。とくに、何が気になっているのかよく分からなくてモヤモヤしている人が、自分が気になっていることに気付く最初の一冊となることを願ってです。だれもが自分の心を隅々まで分かっているわけではありませんからね。かつての私のように、自分が気になっているのが哲学だと気付いていない人はたくさんいると思います。西洋哲学の予備知識はいっさい必要ありません。そういうのが出てきても読み飛ばしてください。ただ自分のペースで読み進めながら、気になったところがあればじっくりと読み返し、あるいは本を閉じて考えを巡らせてみてください。この本が、そのような時間があなたの中に生まれるきっかけとなるならば、私は幸せです。

第一章　神さまはいるか

ここで言う「神さま」は、宗教や信仰の対象です。ふつう「神」と言えば「神さま」のことだと思われるかもしれません。しかしここではまず、「神」と「神さま」は違うということを説明したいと思います。

1　人はなぜ神さまを信じてしまうのか

神さまはいるでしょうか？　「神さま」が信仰の対象だとすると、神さまがいるかどうかは信仰の問題になりますね。つまり、神さまがいると信じている人にとっては神さまがいますが、信じていない人にとっては神さまはいないことになります。

でも、どうして人間は「神さま」を信じたりするのでしょうか。考えてみれば不思議です。まずはこの不思議さをなんとかしておきましょう。

人間はどうして神さまを信じたりするのか。現在、この問いに対する有力な説明は、精神分析学が与えてくれています。この学問の創始者の一人であるジークムント・フロイトは、人間の心の中にどのようにして「神さま」のような宗教的な考えが生まれてくるかをうまく説明しました。

人間は弱い動物ですので、常にさまざまな自然の脅威にさらされています。これは太古の昔でも現代でも変わらない事実でしょう。人間は自然の前では無力です。それはくやしい気もしますが、冷静に考えれば、ただそれは、自然が人間のスケールをはるかに越えて巨大で強力だということにすぎません。

育てている作物が干ばつで枯れてしまうと、家族は餓死するかもしれません。しかしそれが地球規模の気候変動のせいであれば、人間にできることは限られています。そうでなくても太陽はあと五十億年ほどで燃え尽きるそうです。そのとき地球は（おそらく他の惑星に移住しているであろう人類の末裔《まつえい》も含めて）跡形もなく消えてしまうでしょう。

あるいは、人間は大小の共同体を作ってその中で生きるようにできています。共同体の中で生きることにはさまざまな利点がありますが、逆にストレスの原因ともなります。不思議なことに人間には意識がありますので、いわゆる人間関係の絡み合いの中で、負の感情に痛めつけられることも多くなります。しかしそれも、共同体の中でなければ生きていけない生物としての人間のあり方に基づくことであり、嘆いてもしょうがないことです。

また、人間には寿命があります。しかし多くの人は、なぜかそれを意識せず、まるで忘れてしまったかのようにして毎日を暮らしています。しかし冷静に考えれば、毎日多くの人が生まれているのと同じように、毎日多くの人が亡くなっています。そして自分自身も例外ではない。それは何か厳粛な事実であり、それに文句を言っても仕方がありません。

このように見てくると、この世界に生まれて生きていくことは、かなりたいへんなことです。このたいへんさは、たんに世間を渡っていくのがたいへんだということに加えて、もっと根本的に、そもそも人間としてこの世にあることそれ自体に備わっているようなたいへんさです。人間の心は、それに耐えられるでしょうか。

昔は今よりもたいへんだったと単純に言うことはできませんが、今ほど科学や社会のシステムが整備されていなかった太古の時代から、私たちの祖先たちは、心が折れてしまいそうな数多くのことをくぐり抜けながら命をつないできたのです。

フロイトは、人類が、そのようなあり方の中で、なんとか心が折れずに生き残れるように、「神さま」のような宗教的な考えが現れたのだと考えました。より正確に言うならば、人類の中で宗教的な考えをたまたま持つようになったグループの方が、そのような考えを持たなかったグループよりも進化論的に優位であったので、長い年月の生存競争の中で生き残り、逆に、宗教的な考えを持たなかったグループは淘汰《とうた》され、滅んでしまったのです。

現に私たちは生き残っているわけですから、当然、宗教的な考えを受け入れやすく、それによって気を紛らすことができるような精神的な傾向を持つグループの末裔だということになりますね。そしてこれはあくまでも結果であって、私たちの祖先が、はじめからそれを意図して、宗教を作り上げたというわけではありません。

たとえば、死の恐怖をごまかすために、死んでも魂は生き残り、来世に行って祖先と出会うというお話を作り出し、無理やりそれを信じたというわけではありません。人間はそう簡単に何でも信じられるわけではありませんよね。そうではなく、死の恐怖から逃れたいという長年の欲求や願望がもとになって、自然に、魂や来世といった考えが少しずつ生まれてきたというわけです。

また、この世界でどうしても目にしてしまう多くの不公平や不平等から受ける嫌な気持ちをなくしたいという願望は、死んだ後の、神さまによる公平な裁きと、それによる天国と地獄への選別というストーリーを生みだし、そして神さまは、そのような裁きと公平さと、そして何よりも私たち自身の、この世で得られなかった完全な幸福を保証してくれるものとして、少しずつ強力なものに変わっていきました。

実際のフロイトの説明は、彼の理論に基づいて、「父親」や「人格」や「無意識」といった概念を用いる独特のものです。関心がある人は参考に挙げた本を実際に読んでみてください。しかしここでは、フロイト自身の理論には立ち入らずに、彼が強力に提示した、「神さまは人間の心が作り出したものだ」という考え方だけに注目しましょう。

さて、「人間はどうして神さまを信じたりするのか」という疑問には、例えばこのような精神分析学の観点から答えることができます。神さまが信仰を与えてくれるのではなく、人間が厳しい環境の中で命をつないでいくために、その弱い心をさまざまな不安やストレスから守ってくれる「心の鎧《よろい》」として、宗教の世界が人々の心の中に自然と生まれてきた、というわけです。

2 信じているから事実だとは限らない

このように、フロイトは、なぜ人間は「神さま」を信じるようになったのかをうまく説明します。私は精神分析学の素人なので、理論の詳細については判断を保留せざるをえませんが、「神さま」をはじめとする宗教的な考えが、人々の心のストレスを緩和する効果を持つために、長い進化の歴史の中で広く行き渡ってきたのだという説明は、大枠で当たっているだろうと思います。

しかしこれは、「神」が存在するかどうか、という問題とは別の話です。人間がどのような事情で「神さま」なるものを考え出して、それを信じるようになったのか、そしてそのように「神さま」がいると信じることにどのような効用があるのかという問題は、実際に神がいるかどうかという問題とは違います。

もちろん、違うということと、まったく関係がないこととは違いますから、フロイト

「神さま」がいると信じること

と、

「神」がいることは…

違う。

の考えが無神論とまったく関係がないとは言い切れないでしょう。ある事実について、従来とは異なる説明が出てきたとき、従来の説明はただちに力を失うわけではないですが、しかしかなりのダメージを受けることは考えられます。ですからフロイトの新しい説明は、従来の宗教にとってかなりのダメージではあります。

たとえば、在校生と卒業生が愛校心に燃える学校があったとします。みんな口をそろえて、自分の母校がすばらしい学校だと言い、それを疑う人はだれもいません。ところがあるとき、新しい校長先生がやってきてこう言いました。「自分が受けた教育を否定することは、自分を否定することにつながるので、多くの人は自分が受けた教育はよかったと考える傾向がある。自分の母校がすばらしい学校かどうかということは、さまざまなデータに照らして客観的にチェックすべきことであって、どれほど多くの生徒が自分の母校を誇りに思っているかで判断すべきではない」。

きっとこの校長先生はOB会などで嫌われたでしょうが、この校長先生を迎えたことで、この学校は、自分たちの愛校心についてのそれまでとは別の説明を手に入れました。そして一度冷静になって、母校がどのような点ですばらしいかを客観的に調べ直し、その結果、やはり自分たちの学校には、欠点もあるけれどもやはり多くの長所があることを再確認することができた、ということは大いにありうることです。そしておそらく、このような客観的な自己評価を得たことは、この学校のその後の発展に大いに役立ったことでしょう。

フロイトがしたことも、この校長先生に似ています。人間が宗教的な考えを持つにいたった事情を説明することは、「私は神さまを信じているから、神さまはいる」と考える素朴な有神論者に冷水を浴びせます。しかしだからといって、神がいないことを証明したわけでもありません。人間が神さまを信じる理由について、それまでとは異なる説明を与えることで、フロイトは本当に神さまがいるかどうかという問題を、いったんリセットしました。たしかに、もしフロイトが正しければ、実際には神さまがいなくても、私たちは神さまを信じるでしょう。ですから、神さまがいると信じているということは、本当に神さまがいることの十分な証拠にはなりません。しかし、そのことが、神さまがいないことを示しているわけでもありません。フロイトは、信仰を事実から切りはなし、中立化したと言っていいでしょう。私たちは、この中立の立場に立って、考え始めたいと思います。

3　それでも地球は動いている

それでは、「神さま」ではなく「神」がいるとはどのようなことでしょうか。これまで使った言葉で言うと、「神さま」は人々の心の中にいたりいなかったりするのに対して、「神」はこの世界がどのような世界かという事実に関係します。「私は神さまがいると信じているかどうか」という問いが、その人にとっての主観的な問題だとすると、「神が存在するかどうか」という問いは、いわば客観的な問いです。客観的なというのは、この場合、たんに人々の心の中で信じられているだけでなく、だれから見てもそうだと思われる根拠に基づいて、という意味です。

ですから「ぼくは神を信じてないから、神なんていない」と思う人は、「神さま」と「神」を混同していることになります。「ぼくは地球が球形だと信じていないから、地球は球形ではない」と言うのと同じです。人々が地球が球形だと信じていなかった時代にも、地球は球形であったように、人々が神さまを信じようが信じまいが、神は、もしいるとすれば、事実として存在します。少なくとも、「神」はそのような客観的な対象として想定されてきました。

4　神さまなんかいない

「ばかばかしい。こんなひどい世界に神なんているわけがない」という感想が浮かんだ人は、日本人の中では西洋的な発想をする人だと思います。このような感想は、「悪の問題」と呼ばれる西洋思想の大問題と同じ根っこから出てきています。その考えの道筋はおよそ次の通りです。

いま、人類を愛する全知全能の絶対者がいると仮定してみましょう。しかもその絶対者がこの世界を作った創造主でもあるとしてみましょう。そのような神が存在するのに、どうしてこの世界に戦争や飢餓などの悲惨なことが起こり続けるのでしょうか。

その神は全知ですから、この世界の悲惨を知っています。また、全能ですから、それらの悲惨を取り除くことができます。戦争が起きようとしているときにそれを起こらなくすることも、飢饉《ききん》をもたらす異常気象が起きようとしているときにそれを止めることも、簡単なことのはずです。しかし神はそれを止めようとしない。

ここからの帰結は、だれにでもわかることです。それは、神がいないか、いたとしても全知全能でないか、あるいは、それほど人類のことを愛していないかということでしょう。

しかし西洋人は、このどの帰結も受け入れることができません。西洋の多くの人は、「神」と「この世の悪」の間に、克服されるべき矛盾を感じます。その結果、すぐこのあとで見るように、この世界に悪が存在する理由を、あの手この手で説明しようとするのです。

しかしどうでしょうか。わたしたち日本人にとって、これは取って付けたような、ややぎこちない理屈のように感じないでしょうか。この世界にたくさんの苦しみがあることには、もちろんわたしたちも同意するでしょう。しかしそのことと、神がいるかいないかという宗教の問題とは、あまり直接には関係していないように思います。

最近、こんなことがありました。私の研究室に来ていたあるドイツ人の青年に、「多くの日本人の学生にとって、キリスト教の悪の問題を実感することは難しいようだ」と言ったら、彼は「ぼくにはどうしてそれが問題にならないかを理解することの方が難しい」と言ったのです。日本人と西洋人は、基本的に同じ人間であって、言葉や表現方法こそ違え、人間としての感情や価値観はほぼ共通していると思うことが多いですが、たまにこのようなときには、大きな文化の違いを感じます。

この違いは、ほぼ、「神さま」の理解の違いに対応しています。西洋の「神さま」、いわゆる西洋的有神論で想定される「神さま」は、西洋哲学の「神」を背景としています。その「神」は、「最高完全者」や「絶対者」と呼ばれるように、非の打ち所のない完璧な存在です。いわゆる全知全能で善である、唯一絶対神ですね。このような神に基づいて「神さま」を想定するから、それがこの世界のひどい状態と矛盾していると思えるわけです。

これに対して、日本を含めて西洋的有神論の圏外にある文化では、「神さま」をそこまで強いものとは考えません。言ってみれば、必ずしも完璧でないさまざまな神さまのもとで、世界の中に悪や苦しみが存在するのは、当たり前のことです。どうすればそれらの苦しみを取り除くことができるか、ということはたしかに問題ですが、世界の中にそのような苦しみがあることそれ自体が解決すべき問題だとは、感じられないのです。

5　神さまと仏さま

多くの日本人は、西洋的有神論が想定するような最高完全者としての神さまには馴染《なじ》みがありません。そのため、この世界の悲惨は、矛盾であるどころか、むしろ「神さま」と整合的であり、宗教の正当さを説明するものに見えます。

私はかつて、ある場所で、キリスト教における「悪の問題」をテーマに話をしたとき、仏教関係の参加者から「悪や苦しみがあるから神さまがいるのではないですか?」と質問され、やや戸惑ったことがあります。

仏教で「悪」に相当するものは「苦」でしょう。たとえば浄土教系の宗派の教義に即して言うならば、この世が苦しみの世界、苦海であるからこそ、法蔵菩薩《ぼさつ》は願を発して衆生《しゅじょう》を救済しようとされた。その願が成就して法蔵菩薩が阿弥陀如来《あみだにょらい》になったことを信じてその名号を唱えることで、悪人ですら極楽浄土に往生することができる。そうすると、悪すなわち苦があるから、神さますなわち如来が存在するのであり、そこに何の矛盾もないのではないか。これがこの参加者が問いたかったことでしょう。

今、この質問に答えるとしたら、次のように言うでしょう。たしかに、悪があるから、つまりこの世界の中に多くの悲惨なことがあるから、人間の心の中に信仰の対象としての「神さま」という考えが発生したと考えられます。つまり信仰の対象という意味での「神さま」については、「悪があるから神さまがいらっしゃる」と言えるかもしれません。その仕組みはたとえばフロイトが上手に説明しています。

しかし「悪の問題」が想定している神さまは、人間の心が作り出したものではなく、むしろ客観的に心の外に存在し、全知全能で人類を愛する創造主としての神です。それは事実上この世界のあり方に関係し、とくに心を持つ人間も含めて世界のすべてを作ったとされる客観的な実在ですから、その意味での神について、「悪があるから神が存在する」とは言えません。むしろ、「神がいるのになぜ悪があるのか」が問題になるのです。

6　ひと言で自由とは言うけれど

全知全能で人類を愛する神が存在することと、この世界が悪や苦しみで満ちていることとは、両立しないように思えます。そして、悪や苦しみで満ちていることが、残念ながらこの世界の現実であることを認めるならば、全知全能で人類を愛する神が存在することは、少なくとも理屈の上では否定されるでしょう。矛盾する一方が真実であるとき、もう片方は真実ではありえません。

ですから西洋の人々は、自分たちの宗教を守るために「全知全能で人類を愛する神が存在することと、この世界が悪や苦しみで満ちていることとが矛盾せず、両立する」と主張せざるをえません。これは論理的な強制力です。そうしなければ、この世界の現実によって自分たちの神が否定されるので、なんとかそこを考えないといけないように追い込まれるのです。

そこで考え出されたのが、「自由」というものです。意外に思うかもしれませんが、「自由」は信教の自由や学問の自由、表現の自由や職業選択の自由といった憲法で保障される基本的人権として人々に意識されるずっと以前から、西洋的有神論というまったく違う文脈の中で重要な役割を果たしてきました。

ですから、西洋人が理解する「自由」は、西洋的有神論というバックグラウンドを持たない私たちが理解する「自由」と、かなり違ったニュアンスを持っています。私たちにとっての自由は、与えられた、恵まれた状態としての制約のなさといった意味合いですが、西洋の人々にとって、彼らが信じる絶対者としての神をこの世界の悲惨からいわば守るために、人間は何としても自由でなければならないのです。

別の言い方をすると、日本人や東洋人にとって、自由であることはたまたまそのように恵まれたことであり、有り難いことではあっても、それを何があってもぜったいに守るべき価値だとは普通は考えていないでしょう。みんなが大事だと言うし、考えてみれば何か大切そうだから、自由は守らないといけないが、しかし、たとえば自分が属する集団の和を乱したり、他人から非難される可能性を感じると、比較的簡単にそれを捨てます。

あるいは、いきなり自由と言われると不安になり、これは何かの罠《わな》ではないかと用心深くなり、その結果、これは「自分でしたことには責任を持て」という意味なのだと解釈し、「自由」をやたら「責任」と結びつけたがる傾向も見られます。自由にするのはいいけれども自己責任で、というわけです。

しかしキリスト教を背景とする多くの西洋人にとって、自由であることは宗教的な裏付けがあります。たまたまそのような状況に恵まれた、たまたま制約の少ない状況にいるというのではなく、人間は本来自由であって、その自由は神から与えられていると考え、感じます。そして自由であるために、ある程度の犠牲を払わないといけないことを、当然のことのように受け入れています。

ですから、西洋人は他人の指図に簡単には従いません。それは、納得するまで動かないという合理的な面からでもあるでしょうが、基本的に、他人の言うことは聞きません。と言うよりも、他人の指図に簡単に従うことを、あまりよいことだと考えない傾向があります。だから社会のルールについての感覚も日本人とはずいぶん違います。それが治安の悪さという方向に向かう場合もありますが、個人は基本的に自由だという信念をもち、自分の自由も他人の自由も最大限に尊重することが美徳だ、とされるような社会の雰囲気があります。

もちろん、文化のバックボーンになるような思想は、複雑な歴史の中でできあがるものですから、実際にはこんな単純な話ではないでしょう。しかし、西洋文化が、何千年もの間、悪の問題の中で「自由」という思想と格闘してきたことは、強調していいことだと思います。そのような文化の中で育った人にとって、悪の問題を考えないことは難しいことなのです。

7 悪いのはおまえじゃなくておれなのか

悪の問題を、人間の自由を用いて対処する方法は、「自由意志による弁護」と呼ばれることがあります。(1)

自由意志による弁護は、この世界の悲惨さを、神ではなく人間の自由のせいにします。つまりこの世界が悲惨なのは、自由意志を与えられた人間が、自由を乱用することで招いた結果であり、いわば自業自得だとするのです。そうすることで、この世界の現状の責任を人間に負わせることに成功し、神を悪から弁護することができます。

細かく言うと、自由意志による弁護にもいくつかのバリエーションがあります。一つ

(1) 哲学方面では「弁神論」という言葉も使います。「弁神論」とは「神を悪の問題から弁護するための論」という意味です。「神義論」とも言われますが、こちらの方が原語を正しく反映させていて、「神は悪の問題にもかかわらず正しい(義である)ことを示す論」という意味になります。

は、「自由」というものそれ自体に、無条件の価値を認めます。とにかく人間が自由であることはよいことだと考えるので、この世の悲惨はその副産物として許容すべきだと考えます。悪があるけれども人間が自由である世界の方が、悪はないがすべての人間が神の操り人形である世界よりもよい世界だと言うのです。

もう一つは、自由それ自体に無条件の価値があるのではなく、自由は、人間の本当のよさが発揮される環境として必要だと考えます。自由がない世界とは、人間が神の操り人形である世界です。そのような世界でどんなに人間が「善行」を修めても、それはあまりすばらしいことではありません。まさにそれは神の一人芝居です。

人間の善行が評価されるのは、そうしないこともできたのに、自分の判断でそれをしたときです。つまり「そうしないこともできた」ということがありえるのは、人間が自由であるときに限られます。その意味で、自由はこの世界がよりよい世界であるために、現実にある多くの悲惨にもかかわらず、必要とされます。

8　いろいろやってみましたが、これが限界です

しかし鋭い読者はお気づきのように、このような考え方はどちらも、善悪のバランスという新しい問題を引き起こします。この世界の悲惨が自由の副産物であるにせよ、この世界が一段階上のレベルに達するための環境として必要とされるにせよ、はたしてそれは、人類が経験してきた、また経験しつつあるこれだけ多くの悲惨に見合ったことなのか。

どれだけこの世界が悲惨になろうと、とにかく人間を自由にしたかった、というのであれば、それは創造主の独りよがりでしょう。なによりも、この創造主は全知なのですから、人間に自由を与えたりしたらどんなにひどいことになるかわかっていたことでしょう。これほどの悲惨が生じないように、なんとか人間に、ちょうどいいだけの自由を与えることはできなかったのでしょうか。

この世に悪があることは、人間の自由という観点からある程度は説明できるかもしれません。しかし、どうしてこれほど多くの悪があるのかを説明することはできないように思えます。

この善悪のバランス問題には意外な解決案があります。この問題は、自由によってもたらされるメリットと、そのせいで発生する悪というデメリットのバランスが取れていないことを指摘します。しかし、どうしてバランスが取れていないと言えるのでしょうか。もちろんそれは許しがたい悲惨がこの世界に満ちているからです。しかし、もっと悲惨な世界でありえたことを考えれば、今の世界はよく頑張っていて、そこそこ善い世界だとも考えられます。そうすると、善悪のバランスが取れているかいないかは、簡単にはわからないことになります。

神を弁護したい人々は、当然、この隙を見逃しません。善悪のバランスが取れているかいないかはわからない。むしろ、全知全能で人類を愛する神であれば、設計ミスや意味のない手抜きをするはずがなく、現在のこの世界は神の完璧な計画のもとに進んでいる。こう考えるはずです。そこから出てくるのは、「最善説」ないし「最善世界説」と呼ばれるものです。これは、ドイツの天才的な哲学者ライプニッツが考えたこととしてよく知られていますが、それ以前のスコラ哲学の中にも、その原型が見られるものです。

最善世界説は、この世界が、ありうる世界の中では最善の世界であると主張します。全知全能の神がすることですから、ミスはありえません。この世の中に、神が作り損なったものは一つもないはずです。また、最善の世界を創らずに、上から数えて三番目の世界を創ったというのも理解しがたい変な話です。そうすると、神は、可能なかぎり最善の世界を創ったと考えることが自然です。

神は、その全知全能を駆使して可能なかぎり最善な世界を創った。その結果が、今現実にある世界である。最善世界説はこう主張します。この説によれば、許しがたいことが起きていると思うのは、人間の浅知恵であり、もしその許しがたいことが起こらなかったならば、世界はもっとずっとひどいことになっていたのです。

しかし、最善世界説は、本当に善悪のバランス問題をクリアしていると言えるでしょうか。百歩譲って、人間がいる世界を創るという前提では、この世界が最善であることを認めたとしても、そもそもなぜこの世界を作らなければならなかったのでしょうか。この世界を創ったことについて、メリットとデメリットは釣り合っているのでしょうか。一歩踏み込んでそう考えるならば、そこにはさらにもう一つのバランス問題が生じているように思えます。

9　神さまが強すぎて不自由なんですけど

このように見てくると、悪の問題はなかなか手強《てごわ》いことがわかります。この世界の悲惨を人間の自由のせいにしようとしても、善悪のバランス問題が生じ、それを最善世界説で切り抜けようとしても、新たなバランス問題が生じます。

しかし、有神論の側から見れば、悪の問題は手強いけれども、手も足も出ないわけではない、と言えるかもしれません。あの手この手で神を弁護して、そのつど強力な反論が出されますが、なんとか完全に否定されることなく、自分たちの神を守っていると言えなくもありません。

しかし、無神論の側には、最終兵器とも言える強力な反論が残っています。それは、他ならぬ「自由」を否定することです。これは西洋哲学史全体の中でも確実に上位に入る大きな論争に発展したもので、現代に至るまで強い影響力を及ぼしています。

この反論は次のように論じます。

いま、かりに全知の神がいるとする。全知なのだからあらゆることを知っている。したがって、神はあなたが明日の午後三時に何をしているかを知っている。

何かを知っているということは、その何かが事実であることを意味する。したがって、あなたが明日の午後三時にしていることは、今、神に知られていることによって、今の時点ですでに確定した事実である。

だから、あなたはそれをするしかない。あなたは人間なので、それが何かを知らないだろう。しかし、もし全知の神がいるならば、その事実はすでに確定していて、あなたがどんなに自分の自由意志でそれを選んだ気になっていても、実際にはそれは、神に知られることによってすでに決まっていたことなのだ。

つまり、全知の神がいる世界では、人間は自由でありえない、とこの反論は主張します。もちろん、無神論者たちは全知の神を認めないのですから、無神論者たちの自由が脅かされることはありません。しかし、全知の神を認める有神論者たちは、細部にいたるまですっかり神に決められた人生を歩むしか選択肢がなく、自由ではありえないはずだ。

だから、人間の自由のせいでこの世界の悲惨があるという理屈は、最初から使えないはずだ。このように無神論者は主張します。

　これは強力な反論です。前に見たように、もし人間の自由という防御シールドが使えないとすると、悪の問題は神を直撃します。この世界はすべて神の一人芝居となり、悲惨に満ちたこの世界の現実が、言い訳のきかない事実として手つかずのまま残されます。

　こうなると、有神論者は、世界の現実から目をそらせるか、あるいは、この世界のすべての苦しみが、それだけで終わりではなく何らかの意味をもつのだ、というような空虚な理屈を重ねるしかありません。これは有神論の敗北にほぼ等しいでしょう。

　ですから、有神論者たちは、なんとかして神の全知と人間の自由が両立するという論陣を張って防戦するしかありません。これが、哲学史上有名な、決定論と両立論の論争です。人間個人の将来は決定されていて自由はないのか、あるいは神の全知と人間の自由は何らかのかたちで両立するのか、という論争です。この場合は、文脈上、有神論的な、あるいは神学的な、決定論と両立論の論争と呼ばれます。

　これ以外でも、科学的な決定論、両立論の論争がありますが、議論の仕組みは同じです。こちらの場合は、神の全知の代わりに、自然法則を用います。

たとえば、あなたが明日の午後三時に何をするかは、関連する物理法則に現時点でのデータを代入すれば、計算の結果として科学的に予知されるはずです。現代の科学がそこまで進歩していないせいで、現実にはそのような計算ができないかもしれませんが、しかし、もし現実のこの世界が、すべて科学の諸法則だけに従って動いているならば、将来のすべてのことはそのような法則の結果として、現在の時点ですでに決まっているはずです。

このような結論を受け入れない人たちは、科学的な両立論をとるでしょう。科学的な決定論は、やや古い決定論的な科学観に基づいているので、実際には、法則と初期値が決まっても計算の結果が決定論的に与えられるわけではない、というのがその反論の骨子になります。

科学的な論争の場合には、たとえば個人が自分の行動を決める仕組みであるとか、自然の確率的な側面をどのように処理すればいいかとか、あるいは巨視的には、自然科学がこの世界の現実のどの側面をどの程度正確に描写しているかといったような、純粋に学問的なことに注目すればいいのですが、神学的な論争の場合には、宗教の教義解釈や、その時代の教会やさらには政治権力が関係して、その議論は止めどなく錯綜《さくそう》していきました。

そもそも「自由」という概念にはあいまいさがあります。自分がしたいことをするというのが自由なのか、それとも、複数の選択肢が確保されていることが自由なのか。一つしか道がなくても、その道を行くのが好きな人は、自由にその道を行っていると言えるのか、それとも、それ以外に道がないのだから、自由とは言えないのか。

それに加えて、キリスト教独自の事情もありました。たとえば「禁断の木の実を食べて楽園から追放されたアダムとイブの子孫には、せいぜい悪を行う自由しかなく、神の恩恵を受けて初めて善へ向かうことができる」といったような、原罪と恩恵にかんする独特の教義が混入します。そのため、この論争は「恩恵論争」や「恩寵論争《おんちょうろんそう》」という名前で歴史の本に出てくることがあります。哲学的に重要な論争にこのような宗教的な名前が付いているのは、個人的には残念な気もしますが、そこには今説明したような、人間の自由をめぐる重要で興味深い議論がたくさん含まれています。

第二章　神はいるか

1　神さまのうしろに神がいる！

　ここまで読み進めてきた皆さんには、「こんなひどい世界に神さまなんているわけがない」という、ある意味で素朴なつぶやきが、西洋では意外に深い歴史につながっていることが、おわかりいただけたのではないかと思います。少し抹香臭い話でいやになったかもしれません。でも安心してください。私がこの話を最初にもってきたのは、平均的な日本人が思い描く神さまと、キリスト教文化圏に暮らす西洋人が考える神さまとの違いを、少し具体的に感じてほしかったからです。けっしてこれ以上、恩寵論争《おんちょうろんそう》の細部に立ち入るつもりはありません。

　話を少しもとに戻しましょう。日本人にとって「悪の問題」は、あまり深刻な問題ではありません。それは、日本人が思い描く「神さま」が、全知全能で愛に満ちた最高完全者でないからです。ではどうして、西洋人には「悪の問題」が深刻な問題に感じられるのでしょうか。少なくともそれは、彼らの「神さま」が全知全能で愛に満ちた最高完全者だからです。しかしどうして、そのような違いが生まれたのでしょうか。なぜ、そのような「神さま」の理解に、何千年もの間、しがみついていられるのでしょうか。なぜ彼らは、「こんなひどい世界に神さまなんているわけがない」という強烈な実感を伴う無神論との持久戦を、何千年ものあいだ戦い抜いてこられたのでしょうか。

「それはつまりキリスト教が政治的に勝利したからだ」という答えにも一理あるでしょう。キリスト教に代表される「神さま」の理解は、事実上、現代社会の中で一定の大きな勢力を占めていますが、それには多種多様な政治的、経済的、社会的な理由があり、そして何よりも、多くの偶然が重なった結果であることは間違いないでしょう。

　しかし私は、それがすべてではないと思います。そこには哲学がある。つまり西洋的有神論の中にある「神」の思想が関係しているのではないかと考えています。西洋の「神さま」は、東洋の「神さま」とは違って、哲学の「神」からエネルギーをもらい続けることができた。それが、大きな違いとなって現れているのではないかと思います。

では、そのような哲学の「神」とはどのようなものでしょうか。次に、その一つの例を紹介しましょう。

2　あっと驚く証明

これまで、信仰の対象としての「神さま」の話をしてきましたが、ここからは、いよいよ「神」に焦点を合わせることにしましょう。

哲学、とくに西洋哲学が問題にしてきた「神」とはいったい何なのでしょうか。それを説明するにはいくつかの筋道がありますが、思い切って、一番極端で、いわば振り切れている議論から入ってみましょう。それは「存在論的論証」といういかつい名前で知られている、今から千年ほど前の神学者が考え出した、神の存在論証です。

その人の名前を、カンタベリーのアンセルムスと言います。アンセルムスは、イギリス、カンタベリーの大司教だったイタリア出身の聖職者、神学者、哲学者で、中世哲学に大きな足跡を残した人物です。彼はある著作の中で、次のような論証を示して、当時の人々をあっと言わせました。

いま、神を「それ以上大きいものが考えられないもの」と定義しよう。「神」という言葉が邪魔なら、それをGと記号で書こう。Gは心の外に、つまり外界に存在する。

その理由を説明しよう。いま、背理法の仮定として、Gが外界に存在しないとしよう。しかしあなたは、Gの内容を理解することができるので、あなたはGのことを考えることができる。つまりGはあなたの思考の中に存在する。

仮定により、Gは外界に存在しないので、Gはそれを理解する人の心の中だけに存在する。しかしこれは矛盾である。なぜなら、Gとまったく同じ内容でありながら、人の心の中にも外界にも存在するHを想定することができるが、そのように想定されるHは、あきらかにGよりも大きいからである。

Gが「それ以上大きいものが考えられないもの」の別名であることを思い出そう。Hを考えることができるということは、「それ以上大きいものが考えられないものよりも大きいものを考えることができる」という矛盾である。ゆえに、背理法の仮定は否定され、Gは外界にも存在する。

もちろんアンセルムス自身が「背理法」とか「G」や「H」といった記号を使っているわけではありません。その意味では、これは私の解釈であり再構成なのですが、千年前の人とは思えない力強い論理だと思いませんか？

哲学を勉強していると、昔の人でも人間の知力自体はあまり変わりがないなあと感じることがよくあります。現代人は過去に例のない高度な文明を享受していますが、しかしそれは現代人の知力が優れているからではなく、私たちの祖先が積み上げてきた遺産のおかげだということを忘れないようにしたいものです。

この論証には、「完全」という言葉を使う次のような別のバージョンもあります。この場合の「完全」の意味はつかみにくいのですが、西洋哲学の根本にある重要な概念です。とりあえずは、何らかの「よさ」や「価値」あるいは「ポジティヴな性質」と読み替えておいてください。

いま、神を「最高完全者」と定義しよう。最高完全者とは、あらゆる完全性をもっているものという意味である。「神」という言葉が邪魔なら、それをGと記号で書こう。ところで、何かが外界に存在するとき、その「外界に存在する」ということは一種の完全性である。ゆえに、Gは「外界に存在する」という完全性ももっている。ゆえに、Gは外界に存在する。

やっぱりわかりにくいですね。かりにこの「完全」を「よい」に書き換えてみると、次のような内容になります。こちらの方で大まかな内容をつかんでください。

いま、神を、あらゆるよさをもっている最高によいものだとしよう。この世界に存在することは、それ自体、よいことである。ゆえに、神はこの世界に存在する。

アンセルムスのオリジナルの論証よりも、こちらの方が、西洋哲学史の中では影響力が強いかもしれません。少なくともこの論証は、デカルトとカントによる「存在とは何

か」という有名な問題を引き起こしました。後世にこれが「存在論的論証」と呼ばれるようになったのはそのせいだとも言われています。

3　思っているだけじゃない

みなさんの中には、もう反論したくてうずうずしている人がいるかもしれません。でもちょっと落ち着いて、少しずつ確かめていきましょう。

まず、注目してほしいのは、このように「神」の存在が問題になるとき、それはけっして、神を信じている人の心の中にいるかどうかという問題ではないということです。前に、「神さまは、信じている人の心の中にいるけれども、信じていない人の心の中にはいない」という言い方をしましたが、そのような考え方とは対照的に、心の外に客観的に、つまり外界に存在するかどうかということがはじめから問われています。

ただし、このアンセルムスの論証には、「神さまを本当に信じているならば、神さまが心の中だけでなく心の外にも実際にいると考えないと矛盾が生じる」という、言わば主観的な内容が含まれているとも解釈できます。最高完全者であれ、「それ以上大きいものが考えられないもの」であれ、要するに、考えられうる最大で最強のものを「神」と呼ぶのですから、いったんそのようなものを思いついたが最後、その概念は、心の中だけにいることに満足せず、心の外の現実の世界にも自然に広がっていきます。

ですから、変な話ですが、ぜったいに有神論者になりたくない人は、そもそも「神」という言葉を使ってはいけません。「神」という言葉を使うと、何らかのことを思い描きます。そしてその意味について具体的に考えれば考えるほど、そのような対象を自分の心の中だけに留めておくことが難しくなります。

このことは、さまざまな宗教で「神さま」を信じている人たちが、この科学の時代になぜ、かなりの確信を持って、神さまが実際にいると信じることができるのか、ということを説明するでしょう。人間は矛盾を嫌います。矛盾した考えをずっと持っているのは苦しいことです。ずっと嘘《うそ》をつき続けるのがつらいのはこのためです。ですから、いったん「神さま」のイメージを持ってしまった人は、それが、自分の心の中だけでなく、心の外にもいると信じることで、楽になろうとするのです。

そう考えると、「神さまはいる。だけどそれは、信じている人の心の中にいるということにすぎない」と言う人は、たぶん「神さま」について、本当にはあまり考えていない人なのでしょう。あるいはもしかすると、その人の言う「人の心の中」が、特殊な意味なのかもしれません。ともかく、このように言うのはほぼ無神論の人であり、本当に神さまを信じている人にとって、自分の心の中だけにその神さまを留めておくことは非常に苦しいことなのです。

4　存在するアンパンマン、だと？

ところで、このアンセルムスの論証は正しいでしょうか。それとも間違っているでしょうか。正しいとすれば、これは神が存在することを証明しているのでしょうか。

まず、50ページの「最高完全者」バージョンから考えてみましょう。最高完全者とはあらゆる完全性をもっているもののことであり、存在することが一種の完全性であるならば、その「存在する」という完全性も最高完全者はもっているので、それは存在する、という議論です。

「存在とは何か」というのは歴史がある深い問いです。しかしいまかりに、それが一種の完全性であるとしましょう。そうすると、ありとあらゆる完全性を余すところなくもっているような最高完全者は、その「存在する」という完全性ももつでしょう。しかし、何かおかしいと思いませんか？

そもそも、そういう最高完全者がいないことも、十分に考えられるのではないでしょうか。いや、その場合には、「存在する最高完全者が存在しない」という矛盾になるのだ、と、この議論を擁護する人は言うかもしれません。しかしそれなら、「存在するアンパンマンは存在しない」も矛盾なので、「存在するアンパンマン」は存在することになります。しかし「存在するアンパンマン」などという変なアンパンマンなんて見たこともありません。

ですから「存在が含まれている最高完全者」というのも「存在するアンパンマン」と同じような変なものです。アンパンマンが存在する場合に、そのアンパンマンが、「存在するアンパンマン」と呼ばれるのです。ですから、この議論が言うような最高完全者が存在する場合、その中には完全性としての存在もまた含まれているとは言えるでしょう。しかし、最高完全者だから存在するということにはなりません。

少し立ち入って説明すると、この議論での「最高完全者」は性質（属性）です。そしてそのような性質を持つものが存在するかどうかは、その性質だけから導くことはできません。たとえばある生物学者が「ツチノコ」を「胴体が異様に太くぴょんと跳ぶヘビに似たは虫類」と定義したとします。そうすると「ツチノコはは虫類である」や「ツチノコはぴょんと跳ぶ」は、定義上、真である命題です。ツチノコの定義がもつ情報量を増やしていけば、もっと複雑なことが言えて、ツチノコについての学問ができあがるかもしれません。

しかし、そのようなことをいくら積み重ねても、かんじんのツチノコが実在するかどうかは不明なままです。つまり、「ツチノコ」という名前が付けられた分類上の種に、生存する個体がいるかどうかは、調べてみないとわからないことです。実際、絶滅危惧種と言われる動物はたくさんいて、その中には実際に絶滅してしまった種もあるでしょう。しかし、その種がどのような性質を持つかということと、その種に属する個体が生存するかどうかは、別の問題であり、けっして、前者から後者が導かれることはありません。

「最高完全者」や「存在するアンパンマン」も同じです。定義上、あるいは意味上、「最高完全者は存在する」や「存在するアンパンマンは存在する」は真です。しかし、そのような性質を持つ個体がいるかどうか、つまり存在する、あるいは実在するかどうかということは、このような何であるかや意味の話からは出てこないのです。

ですから、「最高完全者」バージョンの論証を正当化するためには、「最高完全者」というものが何らかのかたちで存在することを示さなければなりません。たとえばデカルトは、そのような概念が人間の心の中にあることを（私たちの目から見ると）唐突に主張します。小さい頃から教会に行っている人たちは、そう言われて「そうかもな」と思うかもしれませんが、八百万《やおよろず》の神々に囲まれて育った人たちは、そう言われてもきょとんとするばかりでしょう。

5　そこは修道士が反論します

しかし48ページで見たオリジナルの論証は、もう少し手強《てごわ》いので、次にこちらを見ることにしましょう。

このアンセルムス自身が考えたオリジナルの論証は、「最高完全者」という性質を前提にしていません。そして使うのは背理法です。「それ以上大きいものが考えられないもの」の実在を否定すると矛盾が生じることだけを主張しています。考えられてなおかつ実在するものは、考えられるだけで実在しないものよりも「大きい」ことを認めるならば、その矛盾が帰結してしまいます。

この「大きい」と訳されたのは、「マーユス」というラテン語で、英語の「メジャー」の語源です。「メジャー」は基本的に大きいという意味で、だから「メジャーリーグ」は「大リーグ」とも言われるわけです。「メジャー」の反対は「マイナー」なので、「マイナーリーグ」という言葉もありますが、なぜかこちらは「小リーグ」とは言いませんね。

「大リーグ」の「大」とはどういう意味か、と考えると、ラテン語の「マーユス」の意味合いがよくわかります。大リーグは、たとえば身長や体重が「大きい」選手の集まりではないですよね。まさに野球の技量が優れている、優秀な選手の集まりです。同じように「マーユス」も、たんにサイズが大きいという意味ではなく、優秀で価値があり、偉大であるというニュアンスです。

ですから、「考えられるだけで実在しないもの」と「考えられ、しかも実在するもの」を比べて、どちらが優秀で価値があり、偉大であるか、という問題になります。それは、ものによるでしょう。世の中には、あった方がいいものと、ない方がよかったものがあります。当然、いいものはあった方がいいですし、悪いものはない方がいいでしょう。しかしここで問題になっているのは、「それ以上優秀で価値があり、偉大であるものが考えられないもの」ですから、そういうものは断然、あった方がいいものでしょう。

このように、こちらのバージョンは、「存在する」とはどういうことか、という深遠な問題に立ち入らなくてもいいという利点があります。

しかし反論はあります。アンセルムスと同時代の修道士、ガウニロは、次のような反論を提出しました。この証明が成り立つなら、たとえば「それ以上大きいものが考えられない黄金の島」が存在することを証明できるではないか。これは、ちょっと前に見た「存在するアンパンマン」に似た変なものですね。こんな変なものが実在することを証明できるような証明は信用できません。

しかし「黄金の島」を「アンパンマン」に置き換えてみると、「それ以上大きいものが考えられないアンパンマン」となりますが、これは明らかにおかしいですよね。そんなものを考えられるかと言われても、どう考えていいのかすらわかりません。つまり「黄金の島」のところに、なんでも入れていいわけではないようです。では「黄金の島」はどうでしょうか。これも、「黄金」や「島」という限定がついているので、それ以上すばらしいものはいくらでも考えられるとも言えます。ですからここはやはり、オリジナルにあるような「もの」といった制限のない表現でなければいけません。

しかしそうすると、「それ以上大きいものが考えられないもの」がおかしなものである可能性はないのでしょうか。「それ以上大きいものが考えられない数」というのが、意味はわかるけれどもおかしなものであるとすれば、それはおかしなものである可能性があるでしょう。

ですから、「それ以上大きいものが考えられないもの」というものが、矛盾なく考えられるのかどうかということが問題になります。ガウニロの指摘は、このレベルに到達して初めて、有効な反論となります。

6　平行世界だの可能世界だの

ところで、ニュースのお天気キャスターが、「週末は荒れるお天気になると考えられます」と言ったとき、この「考えられます」はどのような意味でしょうか。けっして、このお天気キャスターが想像をたくましくして、風雨が強い週末の様子を想像できる、と言っているのではありませんよね。そのような主観的な意味ではなく、気象学上の根拠があって、客観的な意味で「ありそうだ」「可能性が高い」と言っています。

「考えられる」が、主観的に、個人の心の中だけの話であれば、それは以前にお話ししたとおり、心理的な話や個人の信仰の話になりますが、「考えられる」には、そのような主観的な意味合いだけではなく、客観的な意味合いもあります。

そうすると、「それ以上大きいものが考えられないもの」は、客観的に、「それ以上大きいものがありそうにないもの」「それ以上大きいものが不可能であるもの」と言い換えられます。これが、神の存在論証としてのアンセルムスの論証が念頭に置いているしたがって、「それ以上、優秀で価値があり、偉大であるものが不可能であるもの」は存在することが可能である。ゆえに、それはこの現実世界にも実在する、というのが、この証明の本体です。

「神」の正体です。(1)

哲学では、可能・不可能を分析するとき、「可能世界」という道具をよく使います。これはSFで言う平行世界と似ていますが、もう少し厳密な概念で、ありとあらゆる事柄からなる矛盾のない全体というものを想定します。矛盾がなければいいわけですから、この世界だけでなく、無数の可能世界があることになります。たとえば、あなたの机の上にあるコーヒーカップが、一センチだけ左にある世界は、この世界とは違いますが、おそらくそれで矛盾が生じることはないでしょう。つまりその「コーヒーカップの位置が一センチずれた世界」は、この世界に非常に近い可能世界です。

現実のこの世界からどの程度異なるかを、現実世界からの距離だと考えましょう。つまり、たとえば日本の首都がいまだに京都であるような世界は、コーヒーカップの位置が少し違う世界よりも「遠い」としましょう。すると、現実世界のまわりを、そのような無数の世界が、現実世界との違いの程度に応じて同心円状に取り巻いている（あるいは直線的に並んでいる）ような状況が想像できます。

すると、何かが「可能である」とは、このような可能世界のどこかに、そのような何かがあることを意味します。「日本の首都が京都であることが可能である」と言う人は、そのような可能世界の中に、京都が日本の首都であるような世界がある、と主張していると考えられます。

「偶然」と「必然」も同じように、可能世界を使って説明することができます。どこかの可能世界で起こっていて、すべての可能世界で起こっているわけではないことは、「偶然」と言えます。これに対して、すべての可能世界で起こっていることは「必然」です。

ところで、理屈では可能でも実際には不可能なことはいくらでもありますし、どんな偶然でも見方を変えれば必然だと思うこともできます。このように、「偶然」「必然」

（1）歴史上のアンセルムス自身がこの区別に敏感であったかどうかという問題は、今は問わないことにします。

「可能」「不可能」は、その時々でなにが問題になっているかに応じて意味合いが変わります。このようなことも、可能世界というアイデアを使えば、その時々でどの範囲の可能世界が考慮されているかを変化させることで説明できるようになります。

7 矛盾さえなければ、それだけでいい

現実の私たち人間は、当然のことですが、現実世界に閉じ込められているので、この世界から抜け出してちょっと可能世界を見に行くということができません。では、どうすれば、現実世界を離れた可能世界に、どんなものが存在しているかがわかるでしょうか。

その場合に、手がかりになるのは「矛盾」です。ちょっと前に、可能世界を「矛盾がない全体」と言いました。可能世界の集合とは、ありとあらゆる、「矛盾がない全体」の集合です。ですから、矛盾がないものは、必ずどこかの可能世界に存在しますし、逆に、矛盾があるものは、どの世界にも存在できません。

たとえば、「日本の首都が東京でありかつ京都であるような世界」は、「一つの国の首

都は一つだけである」というルールがあるかぎり矛盾しますが、そのようなルールがない世界もあるでしょう。ですから、日本の首都が東京と京都であるような世界、あるいは行政、国会、最高裁判所などの主要な国家機能がさまざまな都市に分散しているような世界は、現実世界から少し離れているかもしれませんが、おそらく存在します。つまりそのような世界は、「不可能でない」、「可能な」世界です。

しかし「日本の首都が東京でありかつ東京でない世界」は、「東京」が同じ一つの都市を指している場合、論理的に矛盾するので、そのようなことが成り立っている可能世界はありません。つまり、そのようなことは「不可能」なのです。

このようにして、「それ以上、優秀で価値があり、偉大であるものが不可能であるもの」が矛盾を含まない場合、それは、どこかの遠い可能世界に存在します。それがいくら遠い世界であっても、なんといってもその力は強大なので、現実世界にもその影響が及びます。そう、その場合には、私たちがいるこの現実世界にも神が存在することになるのです。

もう少し詳しく言いましょう。一つの星だけが平和であることよりも、二つの星が平和であることの方がいいでしょう。つまりそちらの方が「マーユス」です。そうすると、それ以上マーユスでありえない状態とは、すべての星が平和であることでしょう。

同じように、それ以上、優秀で価値があり、偉大であるものが不可能なものは、いくつかの可能世界の中に偶然に存在するだけでなく、すべての世界で存在するはずです。つまり、そのようなものは、存在することが必然です。ですから、もし、そのようなものが存在することが可能であれば、あるいは言い換えれば、偶然どこかの世界に存在すれば、それはすべての世界に存在します。したがって、私たちのこの現実世界にも存在することになります。

ですから最終的な問題は、「それ以上、優秀で価値があり、偉大であるものが不可能であるもの」が何であり、そこに矛盾があるかどうかを調べることです。もし矛盾があれば、そのようなものはどの可能世界にも存在せず、したがってこの現実世界にも存在しません。しかし矛盾がなければ、この論証によって、神が存在することになります。

面白いのは、この場合、そのような性質を持つ個体が生存しているかどうかが、論理的に調べられる点です。私たちは神を探して可能世界を飛び回る必要はありません。そもそもそんなことはできません。

しかし、可能世界をこのように考えるならば、つまり、可能であるものは、どこかの可能世界にあると考えれば、矛盾を含まないものは可能なものなので、どこかの可能世界に存在することになります。

たとえば、もし「ツチノコ」の性質に矛盾がないならば、それは、かりに現実世界にいなくても、どこかの可能世界にいます。同じように、「それ以上、優秀で価値があり、偉大であるものが不可能であるもの」が矛盾を含まないならば、かりに現実世界にいなくても、どこかの可能世界にいます。そして、それがどこかの可能世界にいるならば、それはあらゆる可能世界で存在するという性質、つまり必然的に存在するという性質を持つので、この現実世界にも存在することになるのです。

何か手品のような理屈だと思うでしょうね。たしかにここには、何らかの論理のパズル、あるいは人間の脳のバグのようなものが潜んでいるような気がします。

8　広がる思い

西洋の人たちが考える「神さま」の背後には、このような思想としての「神」があります。もちろん、みんながこんなことをはっきりと考えているわけではないですが、思想というものは人から社会へと広がり、歴史を通して鍛え上げられて文化のバックボーンになります。

私たちが知りたかったのは、どうして西洋人たちは、「全知全能で愛に満ちた神さま」という思想を持ち続けていられるのかということでした。悪の問題という強烈な反論がありながら、なぜ彼らはあれほどタフでいられるのか。私たちが神の存在論証に向かったのは、その秘密を知りたかったからです。

いま、一つ目のそのような議論を見てきたのですが、皆さんはどんな感想を持ったでしょうか。少なくとも、日本ではあまり聞いたことがない話ではないかと思います。西洋と東洋の間には、すでに千年も前に、このような違いがあったのです。

第三章　神と存在

ここまで、神さまがいるかどうか、神が存在するかどうかという話をしてきましたが、この章では、神と存在との関係について考えてみましょう。神が存在するとは、そもそも、どういうことでしょうか。

いまさらなにを当たり前のことを聞いているのか、と思ったかもしれません。しかし、神と呼ばれるものは、そんじょそこらに転がっている石ころのようなものではないでしょう。だから、それがある、とか存在する、と言う場合も、石ころがある、という意味とまったく同じだと決めてかかることはできません。

1　神さまはどんな姿？

あなたにとって、神さまはどんな姿をしているでしょうか。「いや、ぼくは神さまを信じてないから、どんな姿もしていないよ」と言うかもしれませんが、信じていないにせよ、「神さま」と言われて、あなたはどんなものを思い浮かべるでしょうか？

まさか、髭《ひげ》を生やしてサングラスをかけてカメの背中に乗ったおじいさん、というわけではないでしょう。筋骨隆々として背後に大きな光の輪がある、ミケランジェロの天井画に描かれているような人物でもないでしょう。

もう少しまともに、たとえば光の洪水のようなものを思い浮かべる人がいるかもしれません。テレビや映画でそういうシーンを見たことがあるような気がします。死ぬときに、急に目の前が明るくなって、光の中に飲み込まれるようになって、声が聞こえてくるといったように。

しかしアウグスティヌス(1)は、神を光の洪水のようなものとイメージしていたが、それは誤りだったと告白しています。彼が言うには、神はこの世界の中にある物質でできているわけではないので、光としてイメージすることもまた誤っているというわけです。イメージするとは、感覚がつかまえたものを使って何かを再構成することだとすれば、神をイメージすることはそもそもできないはずです。

しかし、視覚的なイメージとして具体的に思い浮かべられなくても、わたしたちは、ものごとを抽象的に理解することができます。たとえば、正千角形の視覚的なイメージは、円の視覚的なイメージとほぼまったく同じでしょう。ですから、二つのイメージを目で見て区別することはできません。しかし私たちは、頭で考えて、正千角形と円とをはっきりと区別できます。目で見て区別できなくても、頭で考えて違いを理解できます。

神のイメージというのは、この正千角形に似ています。目で見て感じるのではなく、頭で考えて理解するのです。

2 「がある」と「である」

ふつう、私たちが何かがあるかどうかを確かめようとするとき、まず言葉を手がかりにイメージを思い浮かべ、そのイメージに合うものを探します。「コタツの中にネコがいるか？」と言われてネコの存在を確かめるとき、まず、いそうなネコを思い浮かべ、

（1）三五四年―四三〇年。聖アウグスティヌス、またはヒッポのアウグスティヌスと呼ばれ、神学者、哲学者として、とくにラテン語圏のキリスト教に大きな影響を及ぼしました。主著のひとつである『告白』は文学としてもよく読まれています。

コタツの中をのぞき込み、そのイメージに合ったものがいれば、「いる」と答えるし、いなければ「いない」と答えます。コタツの中の何かがネコであれば、「ネコがいる」のであり、コタツの中の何もネコでないならば「ネコはいない」のです。

これは視覚的なイメージに限りません。たとえば正千角形の存在を確かめるとき、ほぼ円と同じであるような視覚的なイメージを思い浮かべるのではなく、正千角形というものを頭ではっきりと理解して、何かがそれであるかどうかを考えます。そうすれば、たとえば「辺の数が素数である多角形の中に正千角形は存在するか」と問われたときに、千は素数でないことから、正しく「ない」と答えられるでしょう。辺の数が素数である多角形の中に、「千角形である」と言えるものはないからです。

このような場合、「あるXが存在するかしないか」は、「何かがXであるかどうか」と言い換えられます。「コタツの中にネコが存在する」は「コタツの中の何かがネコである」と同じです。「辺の数が素数である多角形の中に正千角形は存在しない」は「辺の数が素数である多角形のどれについても、それが正千角形であることはない」と同じです。

このような存在は、「である」で処理できるので、簡単に「である」存在と呼ぶことにしましょう。

では、「〜が存在する」「〜がいる」「〜がある」は、すべてこのように言い換えられるでしょうか。イメージや理解が先行して、何かがそのイメージや理解に当てはまるというしかたではなく、いきなり、いわば生のままの「何か」が現れるということはないでしょうか。

そういうことはあると思います。たとえば、そのコタツの中にいたネコが、数ヶ月前にいなくなったペットのミケだったとしましょう。あなたは、「ミケ！　ミケがいる！」と叫んで家族を呼びます。このとき、「である存在」の意味で、「コタツの中の何かがミケである」と思っているのではなく、まさにミケが生きて帰ってきたことに驚き、感動しているのです。

このような存在は、「〜である」に言い換えられず、「〜がある」と言うしかないので、「である」存在から区別して、「がある」存在と呼びましょう。

ミケの場合のように感動的でなくても、「がある」存在は、「である」存在よりも根本的なものだと言えるかもしれません。「コタツの中にネコがいる」の場合でも、その意味は、「コタツの中の何かがネコである」ということですが、しかし、その何かが存在するのでなければ、そうは言えないでしょう。つまり、その何かがある（がいる）ので、何かがネコであるということも成立しているのです。

ただし、「である」存在は、さまざまな領域で幅広く使われますから、「がある」存在との結びつきがこれほどストレートでない場合も多いでしょう。先ほどの正千角形の場合などはこれに当たります。この場合、問題となっている対象の領域は数学的なものですから、何かが正千角形であるということが、その図形の「がある」存在に基づいていると言えるかどうかは、少なくとも意見が分かれるでしょう。

あるいは、「あの人のステージには華がある」というような比喩的な表現や、「君の行動には下心がある」というような行動パターンや主観的な気分についての文では、「である」と「がある」のストレートな結びつきが見えにくくなる傾向があります。(2)

3　「である」を使った証明

さて、神について「である」存在を主張するときは、「神」という言葉で表現されているものについて何らかのイメージや理解をあらかじめ作っておいて、何かがそれに該当かどうかを探します。該当したら、「それが神である」と結論します。これに対して神について「がある」存在を主張する場合は、ある種の奇跡によって神がこの世界に現れることで、あるいは、たとえば瞑想《めいそう》などの神秘体験の中で神に出会うことによって、「いた！」と叫ぶような、そういう状況であることになります。

「何かが神である」というかたちでの神の存在は、古代ギリシア哲学のアリストテレスの証明がよく知られています。彼は、この世界の中にある様々なものの運動に注目し、「すべて動くものは、他の何かに動かされて動く」という原則を見て取ります。

今の言葉で言えば、この世界の中のものは、様々にエネルギーを交換しつつ、相互に

(2) 本書では以下で、「である」存在と「がある」存在を、皆さんを混乱させない範囲で比較的自由に使っていきます。少しだけ哲学史との関連を言うと、「である」存在は、アリストテレスの第二実体、つまり本質を、「がある」存在は、同じくアリストテレスの第一実体、つまり主語となって述語とならない個体を意識しています。あるいは、論理学で言えば「である」存在は一階述語論理の存在量化の表現に、「がある」存在は、個体定項について想定される存在（一階述語論理ではストレートには表現できません）に、それぞれ対応します。

関連し合って動いているということでしょうか。しかしその場合、エネルギーがまったくの無から沸いて出てきたり、逆に、エネルギーが突如として消滅したりすることはありません。完全に自足的な永久機関がありえない以上、動いているものは、どこかからエネルギーをもらわないと動けません。

では、このエネルギーの流れはどうなっているでしょうか。Bが動くとき、別のCというものからエネルギーをもらうとします。そしてCも、自分だけでそのエネルギーを作り出すことができないとすれば、別のDからエネルギーをもらいます。このように直線的に進むとすれば、それがどこまでも進んで終わりがない、ということにはなりません。なぜなら、実際に目の前のBは動いているのですから、そのエネルギーはどこかから来たのです。

4　第一動者

たとえば、あなたのスマホに一通のメッセージが届いたとします。そのメッセージは知人のBくんからのものです。しかしBくんも、そのメッセージを友人のCくんから受け取っていて、それをあなたに転送したのだとします。つまり、ある一つのメッセージが多くの人の間を転送されているとしましょう。これはチェーンメールと言って昔流行したことがありました。今でもネット上に形を変えてあるかもしれません。

このとき、そのチェーンがどんなに長くても、このメッセージを最初に送った人がいるはずです。だれかが始めたのです。だれかはわからないかもしれませんが、だれも書かないメッセージが無から生まれることはありません。

もちろん、Bにエネルギーを与えるものはB_1、B_2、B_3……とたくさんあるのが普通でしょう。しかし、それぞれの「枝」は、どこかから出発していないといけません。ずっと遡って終わりがないような枝は、Bにエネルギーを与えることができません。チェーンメールの例だと、最初のメッセージが、複数の別のチェーンメールの切り貼りだったとして、それぞれの部分が枝分かれして別のルートで遡ることができたとしても、そのすべての枝は、やはりだれかが作成した最初のメッセージから出てきたはずです。

そうすると、今目の前のBを動かしているエネルギーには、そのエネルギーを生み出した最初のものがあるはずです。それが何であるかは直ちにはわからないのですが、ともかく、何かそのような最初のものが無いと、目の前の現実を説明できません。

アリストテレスはそれを「第一動者」と呼びました。第一動者は、エネルギーを最初に生み出したものです。ですから、第一動者にエネルギーを与えるものはいません。つまり第一動者は、「動かされずに動かすもの」です。このようにして、アリストテレスは「あるものが第一動者である」という命題が真であることを証明します。この第一動者の別名を「神」とすれば、「あるものが神である」という命題を証明したことになります。

チェーンメールの例に戻ると、あなたにチェーンメールが現に届いているという現実から、「だれかがそのチェーンメールの作者である」という命題が真であることを証明できます。「チェーンメールの作者」の別名を「神」とすれば、「だれかが神である」という命題を証明したことになります。これは「である」存在を用いた、神の存在証明です。

第一動者

5　自然の英知

アリストテレスの第一動者の証明をモデルとする証明は「宇宙論的論証」と呼ばれることがあります。それと同じくらい、いやそれ以上に人気がある（あった）のは、大自然の設計者を神と考えるタイプで、こちらは「目的論的論証」または「自然神学的論証」と呼ばれます。

その発想はきわめて単純で、しかも強力です。私たちのまわりには、生物とよばれる不思議なものがたくさんあります。いや、私たち自身がその生物です。生物は、非常に精巧な仕組みでできあがった、「からだ」や「身体」と呼ばれる物質を伴っています。

このからだの仕組みは、ちょっとそれに注意を向けるだけで、底知れぬ驚きを引き起こすほどに、精妙にできています。人間はいつもいつも驚いては生活していけないので、あえて見て見ぬふりをしていますが、植物であれ動物であれ、昆虫であれ魚であれ、どうしてこんなことになっているのかと驚かずにはいられないような仕組みが、からだのあらゆる部分に備わっています。

一つだけ例を挙げると、あなたは暑くなると汗をかきます。これは、水分が蒸発するときに気化熱というエネルギーを表面から奪うという仕組みを利用した、冷却システムです。体温が上がると、からだはうまく働かないので、温度を下げる必要があります。近くに冷たい水があれば、それに浸かったり飲んだりすればいいのですが、いつも近くに水があるとは限りません。

そのようなとき、からだは、自分の中にある水分を、からだの表面に浮き上がらせます。私たちは、暑いから汗が出たと思うだけですが、そうすることによって、からだは気化熱を利用してからだの温度を下げようとしているのです。エンジニアたちが気化冷却システムを考案するはるか以前に、からだはその仕組みを実現させています。からだはなんて賢いんだ、自分たちよりもよっぽど賢いじゃないか、と思うのが自然でしょう。そしてこれはあくまでもほんのひとつの例に過ぎません。

科学的には、一応、進化論というものがあって、このような複雑な仕組みができあがるメカニズムを教えてくれます。しかし進化論が現れたのは十九世紀のことですから、それ以前の人類は、自然界の姿に目を向けて、その人知を超えた圧倒的な様子を目の当たりにして、ただただ驚嘆するしかありませんでした。

ですから、進化論以前の人々にとって、何かがこの大自然を設計したと考えるのはごく自然なことでしたし、その設計者を「神」と呼ぶことも簡単でした。「あるものが大自然の設計者である」ということ、そして「あるものが神である」ことは、この側面からも簡単に証明されると考えられてきました。

進化論が定説となった現代でも、一部では、進化論を受け入れず、たとえば聖書の創世記の記述が正しいと考えたり、あるいは、そこまで荒唐無稽でなくても、生物の進化を説明するためには、進化論とはまったく別の原理を持ち込む必要があると考える人たちがいます。このことは、生命というものが、単純なしかたでは解明しがたい面を持っていることを示していて、そこに、科学以外のものが入り込む余地があることは事実でしょう。おそらくそれは、現代科学の方法論それ自体を反省することにつながっていて、そこでは哲学も大きな役割を果たすことが期待されます。

6　ルールを決めろ！

「である」存在の観点から神の存在を証明することは、意外に簡単であることがおわかりいただけたと思います。と同時に、「神の存在証明」と呼ぶには、かなり雑なものであることもまた感じられたのではないでしょうか。

問題は大きく分けて二つあります。一つは、「である」存在の場合、実質的には「何かが神である」ことを証明するのですが、なにを「神」と呼ぶかは決まっていません。極端な話、「チェーンメールの作者」を「神」と呼ぶことを禁止するものはなにもありません。すべては「神」という言葉、いまの場合は日本語の意味の問題です。

ですから、アリストテレスの証明でも、第一動者を「神」と呼ぶのは、あくまでもアリストテレスの言語感覚（この場合は古代ギリシアの言語と社会常識）に基づいて正当化されなければならず、またその有効性も、その言語の範囲内に留まるでしょう。

たとえば、ビッグバンを引き起こした原初宇宙のエネルギーの発生問題に取り組む現代の科学者たちも、基本的にアリストテレスの第一動者につながる問題を研究をしていると言えるかもしれませんが、彼らは自分たちの研究対象を「神」とは呼ばないでしょう。あるいは、それをどう呼ぶかについてのルールはありません。

同じように、この世界の生物界の精巧な仕組みを、進化論では説明できない側面から研究する科学者たちは、以前は「大自然の設計者」と呼ばれた「神」を対象として研究しているとも言えますが、やはり現代の彼らは自分の研究対象を「神」とは呼ばないでしょう。

このように、「である」存在に基づく神の存在証明は、なにを神と呼ぶのかという点に大きな弱点を抱えています。このタイプの証明に対しては、常に、「私はそれを神とは呼ばない」という反論がありえます。そしてそこにルールはありません。

7 一神教は手間がかかる

もう一つの問題は、先ほど見ましたが、枝分かれの問題です。Bにエネルギーを与えるものはB_1、B_2、B_3……とたくさんあるのが普通です。そうすると、それぞれの分岐を遡っていくと、第一動者は実は無数にあるかもしれません。本当の意味の無限ではないにしても、数え切れないほど多くの有限の数の第一動者が、目の前のBにエネルギーを与えているかもしれません。

ですから、第一動者を神と呼ぶことは、ほぼ確実に多神教をもたらします。八百万《やおよろず》の神をもつ日本人には、あまり抵抗はないかもしれませんが、西洋人にとってこれは満足できる証明ではないでしょう。実際のところ、このように多数でありうる第一動者が、実はただ一つであるということについては、別の証明が必要となります。一神教というのは、実は手間がかかるものなのです。

たとえば、エネルギーというわかりやすい言葉を使うと、第一動者がただ一つであることを示すために、次のような証明が試みられました。エネルギーは、ちょうど水のように、多い方から少ない方へと流れます。熱いコーヒーを放置すると冷めるのはこの法則があるからです。そうすると、目の前の運動を引き起こしているエネルギーの源を遡っていくと、どんどんエネルギーの強度は強くなり、最後には、エネルギーの塊のようなものに到達します。

そうすると、第一動者の正体は、この最強のエネルギーの塊、言い換えれば、純粋なエネルギーそれ自体のようなものであることになります。ところで、純粋なエネルギーが存在しているとき、それとは別に、もう一つ純粋なエネルギーが存在しているというのはどうも変です。少なくとも、アリストテレスやその仲間たちはそう考えたので、彼らは第一動者がただ一つしかないと結論しました。ちなみに彼らはこのエネルギーのことを「現実態（エネルゲイア）」と呼び、純粋なエネルギーの塊を「純粋現実態」と呼びました。

いずれにしろ、「である」存在の側面から神の存在を証明すると、一神教に到達するためには、このようなもう一手間が必要となります。

8 「がある」を使った証明

では次に、「がある」存在の面からの神の存在証明を検討しましょう。「がある」存在とは、行方不明だった飼い猫のミケが戻ってきたときに、「ミケがいる！」と叫ぶときに感じている、あるいは把握している存在のことでした。

しかし、このしかたで神に会うことは危険です。聖書には、人間が神を目の当たりにすると死ぬと言われている箇所があります。(3) ちょうど、太陽を裸眼で見ると目が潰れるように、神という強烈な対象に直接出会うことを目指すのは、やや乱暴です。ですから、もう少し安全な道を通って神に接近することを考えましょう。それは、この世界の中に存在するもの、たとえば先ほど帰ってきたミケの存在を手がかりにすることです。

帰ってきたミケにはいろんなことが言えるでしょう。ネコである、三毛である、は当然として、体長、体重、年齢、性別、病歴などなど、多くのことをミケについて言うことができます。このように、ミケについて言えることをひとまとめに「ミケの性質」と呼ぶとすると、ミケにはいろんな性質があります。それらを一覧表にしましょう。しかしこの表の中に、「がある」存在は入っていません。

これは前に、「存在するアンパンマン」を考えたときに触れたことに関係します。「存在するアンパンマン」というのは「ツチノコ」と同じような種類の名前であって、いくらその内容を調べても、実際にアンパンマンやツチノコがいるかどうか、つまりそれが「がある」存在を持っているかはわかりません。

(3)（主は）さらに言われた。「あなたは私の顔を見ることはできない。人は私を見て、なお生きていることはできないからである。」『出エジプト記』三三章二〇節。

このように、ミケの性質に「がある」存在は入っていません。哲学の言葉では、ミケの本質[4]に存在は含まれていない、などと言ったりします。しかし、帰ってきたミケは「がある」存在をもっています。では、この「がある」存在はどこから来たのでしょうか？　ミケの性質の中に入っていないのですから、ミケの外から来たことになりますね。どこからかはわかりませんが、ミケの中から出てきたはずはありません。

ミケの「がある」存在は、ミケの外の何かから来ました。それをXとしましょう。するとXも「がある」存在をもっているはずです。ミケと同じ理屈で、その「がある」存在はXとは違うYから来ました。この系列が無限に続くことはありません。もし無限に続くなら、帰ってきたミケが「がある」存在をもつことはありえないからです。したがって、この系列はどこかで止まります。それは、「がある」存在の第一原因で止まるはずです。チェーンメールが届いたならば、それを最初に書いた人がいるはずだ、というのと同じです。

9　自己原因と存在それ自体

「がある」存在の作者は、非常に奇妙なものです。まずそれは、それ自体が、「がある」存在をもっていないといけません。また、それは作者、つまり最初に「がある」存在を作ったものなので、何かから生み出されたものではありません。第一原因を生み出す原因はありません。もしそういう原因があったら、因果の系列はまだ最後まで到達していないことになります。

それを生みだした原因がないのに、「がある」というかたちで存在しているもの。これはどのようなものでなければならないでしょうか。近代の西洋哲学では、よく「自己原因」という考え方を使いました。自己原因とは、読んで字の如く、自己を生み出す原因です。近代の多くの哲学者たちは、第一原因が、例外的に自己を生み出すことができる特別なものだと言って、原因がないのに存在している奇妙なものを正当化しようとしました。

(4)「本質」を定義することは難しいですが、ものが持っているさまざまな性質のなかで、中心的で容易になくならないものを指します。人間の本質とは、人間にとって中心的で、それがないと人間でないようなものです。古来「理性的な動物であること」は人間の本質だとされてきました。

たとえば、本書でも、少しあとで登場してもらうスピノザは、その主著『エチカ』の冒頭に、この自己原因を持ち出しています。そこでは、自己原因が、「その本質が存在を含むもの、あるいはその本性が存在しているとしか捉えられないもの(5)」と定義していて、後にこれは「神」と呼ばれます。

しかし、自己原因というのはおかしな考え方です。だって、自分が自分から生まれたというのは、どう考えても変でしょう？　しかしその変なことを認めないと、第一原因が存在しているという事実を説明できないと、近代の哲学者たちは考えたのです。

でも、実はもう一つ方策があります。それは意外にも、近代の前、中世の哲学者がすでに考えていたことです。近世の哲学者たちは、この、ある意味でよく知られていた中世の考え方に反発して、自己原因というものを考え出したのかもしれません。

中世の人はこう考えました。第一原因、つまり原因がないのに、「がある」存在という意味で存在しているものがないと、ミケのような、この世界で「がある」の意味で存在しているものはありえない。また、自分が自分を生み出す自己原因というのは、おかしな考え方で明らかに間違っている。そうすると、残された道はただ一つ、原因がないのに、「がある」存在という意味で存在しているものは、「がある」存在をどこかからもらったのではなく、「がある」存在それ自体であるはずだ。つまり、「がある」存在の第一原因は、「がある」存在そのものだ。

この中世の人の名前をトマス・アクィナスと言います。彼はこのような議論を『神学大全』という著作の冒頭近くで行っています。(6) 彼の言葉では、「がある」存在のことを「自存する存在それ自体(7)」と呼びます。これがトマスの神です。

10 「がある」への挑戦

「神がいる」「神が存在する」という主張の意味は、西洋の中世、正確には十三世紀、日本では鎌倉時代になりますでしょうか、すでにこのようなかたちで、非常に高度なしかたで研究されていました。

(5) スピノザ『エチカ』第一部定義一。
(6) 第一部第三問第四項。
(7) ipsum esse subsistens

しかし問題は残っています。その「がある」存在についての理解をもつことが非常に難しいのです。これはある意味で当然のことです。というのも、そもそもそれが「である」存在でないので、「それは何か」と問うことができないからです。だって、「それは何か」と問われて、「これこれである」と答えたとすると、それは「がある」存在ではなく、「である」存在になってしまうでしょう？

ですから、「がある」存在とは何か、という問いに対しては、「これこれである」というのとは違うしかたで答える必要があります。しかしそれがなかなか難しい。どうやら、人間の頭の働きは、「である」を中心に動くようにできているようです。

このように「がある」存在は、人間の頭の働きをすり抜けていく、いわばニュートリノのような対象です。いや、このたとえは乱暴です。ニュートリノはれっきとした科学的な対象ですが、「がある」存在は、科学では扱いようのない対象だとも言えます。おおざっぱに言うと、科学は「である」を扱うものです。何かが何かである、ということを積み重ねていくことでできあがる体系です。

その体系の力はすさまじく、ここ数百年の間に、人類は、近代科学と呼ばれる恐ろしいほどの力を手にしてきました。その発展は今後も続くでしょう。その力の及ぶ範囲があまりにも広いので、この世界の中で起きていることは、すべて科学で解明され説明できると考えられた時代もありました。

しかし、この科学をもってしても、「がある」存在を生のままで直接的に対象にすることはできません。科学で処理するためには、それが「何であるか」がわかっていないといけませんが、先ほどから述べているように、「がある」は「である」でないので、その「何であるか」を語ることができないのです。

では、「がある」存在について、わたしたちはただ「語りえないもの」として、口を閉ざすしかないのでしょうか。

そうなのかもしれません。しかし、私は本書で一つの挑戦をしたいと思います。「がある」存在がどのようなものかについて、豊かな実感を伴って理解を深められる場所があるのではないかと思うからです。それは、私たちの一番身近にあるもの、つまり私たち自身です。

次の章からは、この「がある」存在の秘密へと迫る準備として、私たち自身に目を向けていきます。いわば目を内側に転じます。最初に見えてくるのは何でしょうか。それは、人々が長い間「魂」と呼んできたものです。

第四章　死後の生

死んだらどうなるのだろうという問いは、宗教にとって重大です。宗教の主な役割の一つは、死に対する人類共通の不安を和らげることだとも言えるでしょう。

哲学者たちも、それを語っていますが、違いは、死後の天国や地獄の様子について語るのではなくて、そもそも「死後」というものがありうるのかどうかを問います。そして驚くべきことに、現在に至るまでのほとんどの哲学者たちは、魂が肉体と共に滅びるという世界観に対して、何らかの疑問を投げかけています。

1　私たちはどこから来てどこへ行くのか

宗教は人の生死に関係します。多くの宗教は、人間がどこから来てどこへ行くのかを語ります。人間とは本来何であるのか。日々の暮らしに追い立てられている今のあなたは、その本来の姿に比べてどうであるのか。そして、あなたは死んだ後にどうなるのか。

宗教は、このような物語を積極的に語ってきました。その結果でしょうか、私たちが漠然と考える死は、たんに生物的な、主要器官の機能停止ということよりも、豊かで複雑な内容を持つに至りました。そのように複雑な死は、長い歴史の中で、人々の宗教的思考の中で育まれてきたものです。私たちは、知らず識《し》らずのうちに、それを受け入れ、当たり前のものと見なし、そうして作られた人生という物語の中で、生と死を考えています。たとえば、私たちが人生について考えようとするとき、必ず死の理解を前提にします。死とは何かが曖昧であれば、死によって区切られるはずの生について深く考えることはできません。ところが、死の意味を理解するためには、必ず、何らかの物語を前提にしていなければなりません。そしてそのような物語の成立には、多かれ少なかれ、あるいは肯定的にせよ否定的にせよ、常に何らかの宗教が関係しています。私たちは宗教を前提に置かなければ、自分の人生についてすら考えることができません。

現代の常識的な理解として、死とはどのようなものか、死んだらどうなるのかという問いに対しては、大きく分けて四つの答え方があると思います。

一つは、死んだらすべて終わりだとするもので、この考え方は、宗教の側からは無神論やニヒリズム、唯物論などという冷たい呼称で呼ばれてきました。すべてが自然科学によって説明できると考える物理主義や自然主義と言われる立場もまた、霊や死後の世界が自然科学の対象でないという理由で、この立場に近いと思われます。現代は科学の時代ですので、自覚がなくてもこのように考えている現代人は多いかもしれません。

二つ目は、輪廻転生《りんねてんしょう》という、私たち日本人にはなじみ深い仏教やヒンドゥー教のもとにある世界観です。死とは、この身体の中に生まれたこの生の終わりであって、この身体が滅びると、次の身体の中に転生すると考えます。その身体は、人間であるとは限らず、この世での行いに応じて、人間以上の天（天使？）に生まれるかもしれないし、あるいは、畜生と言われる人間以下の動物に生まれるかもしれないというわけですから、考えようによってはなかなかキビシイ世界観です。仏教では、そのような輪廻から脱出する、つまり解脱することを目指して、さまざまな教説が生まれました。

三つ目は、この世の最後の日に下される審判によって、天国や地獄に行くという、キリスト教やイスラム教に代表される考え方です。仏教でも浄土教の系統は、極楽浄土という天国のようなところに行くそうですので、こちらの考え方に近いかもしれません。

どちらも、個人の努力というよりは、救世主の愛や如来の慈悲を信じることによって地獄行きを免れるという考え方なので、物語性の強い壮大な世界観、たとえば全知全能の創造神といったものを必要とします。じっさい、キリスト教の神はそのような神の典型ですし、阿弥陀如来《あみだにょらい》も、一切衆生《いっさいしゅじょう》の救済を願う仏とされますから、強大な力をもつ人格神（如来）と言っていいでしょう。

四つ目は、魂それ自体は不滅であって、次の身体に転生もせず、天国にも地獄にも行かず、この世とは違うところ、あるいはこの世を構成しているいくつかの次元の一つに残り続けるという考え方です。こちらの方は、理屈が好きな哲学者が好む考え方ですね。精神と肉体、心と体の関係について考えることに集中するので、それ以上の大きな世界観にまで話を進めることは稀《まれ》です。ですから、死後に残存する魂がその後どうなるのかについては、キリスト教などの既存の宗教に接続することが多いようです。「魂の存在は証明した。あとは宗教に任せる！」といったところでしょうか。

ところで、この四つは、それぞれが独立した四つの陣営と言うよりは、一つ目と、それ以外の三つの二つの陣営に大きく分かれます。なぜなら、一つ目以外の答え方は、すべて、身体が滅びても、魂や心や霊と呼ばれる何らかのものが、何らかのしかたで残ることを前提としているからです。

ですから本書では、一つ目以外の三つの考え方をひとまとめにして、「魂の不死を主張する論」として扱いたいと思います。逆に言えば、一つ目の、ニヒリズム、唯物論、物理主義と呼ばれる立場が正しいかどうかということに、問題を絞っていきたいと思います。

2　死んでも残るもの

ドラマなどでよく、「あの世で先に待っているぞ」とか、「もうすぐおじいさんに会える」とか、「天国のあの人はきっと喜んでくれる」というセリフを聞くことがあります。そして、その意味が、なんとなくわかります。しかし、実際のところ、これはなにを言っているのでしょうか。

少なくとも、死んだら身体を焼いてしまうわけですから、このような発言の背後には、身体とは違う何かがあるという考え方があるはずです。一般にそれを「魂」と呼びます。

つまり人間は身体と魂からできていて、身体が滅んだ後も、魂は一緒に滅びることがなく、何らかのかたちで残ると考えられているわけです。

このときに前提になっている考えを、哲学では「心身二元論」と呼びます。ちょうど、卵に白身と黄身があるように、かりに人間が心と身体という二つのものから成り立っているとすれば、死後の世界についてのこのような言い回しを、かなりすっきりと理解することができます。

逆に、もし人間が主としてタンパク質からできた精巧なロボットであり、魂や心と言われるものもすべては大脳などの身体の器官によって説明できると考えるなら、「死とは身体が壊れることである」で話はすべて終わり、死後の世界について語ることはできません。もちろん、自分が死んだあとのこの世界、たとえば千年後のこの世界について語ることはできますが、それはここで問題にしている、宗教的物語としての死後の世界ではありません。

ですから、「あの世」や「祖先の霊」などについて語りそれを理解するためには、人間は身体だけでなく魂を持っている、という主張を受け入れる必要があります。この、

「魂」というものを、「身体」とは別の存在として理解することが、次に示すような宗教的物語が成立するための重要な要素となるでしょう。

人間は、身体の滅びによって死を迎える。しかしこのとき、心は身体と運命をともにしない。心はタンパク質を主とした有機物の塊ではなく、何か霊のようなものである。この霊としての心は、身体が滅びるとき、いわば身体を離れ、身体から抜け出て、どこかへ去る。去っていく先は、「あの世」である。身体がなくなると、心はあの世へ行く。この意味で、心が身体から離れてあの世へ去ること、これが「死」と呼ばれている事態の真相である。

こう考えれば、先に見た、いろんな言い回しがよく理解できます。「あの世」とは、身体から離れた心が向かっていく、この世ではない場所であり、そこで「先に待っている」のは、霊となった心です。また、これまでに死んだ人々の心も、同じように霊となって「あの世」にいるのですから、死ねば、「死んだおじいさん」つまり、あの世に存在しているおじいさんの心に「会う」こともできるでしょう。

あるいは、この世で何かめでたいことが起こると、「死んだ人が天国で喜んでいる」と言ったりしますが、この場合も、死んだ人の霊が、天国という一種の「あの世」に存在していると考えるならば、十分に理解可能です。もっとも、この言い回しが理解されるためには、「あの世」から「この世」を見ることができるということ、更には、「喜び」といった感情が、身体を持たない心にも感じられるということなどが、更に前提になります。しかしともかく、心が身体を離れてありうるならば、このような宗教的な物語が本当である余地があります。

ですから問題は、本当に、人間には「心」や「魂」や「霊」と言われるものが、「体」や「身体」や「肉体」と言われるものと別のものなのか、ということになります。

3 プラトンの話を聞いてみよう

先に述べたように、人間が心と身体からできているという考え方を「心身二元論」と言います。このような世界像の代表として、西洋でよく知られているのは、古代ギリシアの哲学者プラトンの対話編の一つである『パイドン』です。そこで、この心身二元論に親しむために、少しだけプラトンに耳を傾けてみましょう。

　プラトンは、ソクラテスの刑死を描いた『パイドン』の中で、人間の魂が不死であることを、いくつかの論証を用いて証明しようとします。死が避けられないとき、死後の世界について思いをはせることが、安らぎや希望を与えるのは昔も今も同じです。古代ギリシアでは、臨終に際して『パイドン』を読むことが一般的だったそうです。

　面白いことに、古代ギリシアでも、現代と同じように、人間は死んだらすべておしまいではないかという考えが、ごく常識的にあったようです。死刑となって毒杯を仰ぐ前、「あの世」に生まれ変わる希望を述べるソクラテスに対して、そばにいた人が次のように言います。


　ソクラテスさん、ほかのことは私には立派に語られているように思われましたが、魂についての事柄は、人々にまったく信じられないという思いを抱かせるでしょう。魂が肉体から離れる時にはもはやどこにも存在せず、人間が死ぬその日に壊れて消滅し、肉体から離れるや否や外に出て息や煙のように風で散り散りに飛び去ってしまい、もはやどこにもなにも存在しなくなるのではないか[1]と。

この感覚は、現代人にも通じるでしょう。実際に、こう思っている人は今でも多いと思われます。魂は、身体が死んだら一緒に消え失《う》せるのではないかという通説に対して、プラトンは、ソクラテスの口を通して、魂の不死・不滅を言論によって証明しようとします。

4　生から死へ、死から生へ

『パイドン』の議論は、まず、次の原則を認めることから始まります。「反対のものは反対のものから生じる」つまり「Aに対して反対のものBがあるなら、Aは必ず自分に反対のBから生じる」という原則です。

たとえば、何かが大きくなるとき、小さいものが大きくなります。逆に、何かが小さくなるとき、大きいものが小さくなります。何かが悪くなるならば、それは、良かったものが悪くなるのであり、正しくなるならば、正しくなかったものがそうなります。これを一般化して、プラトンは、善悪、正不正、増減のような、反対のものが一対をなしているものは、必ず、一方が、対をなす反対のものから生じる、と言います。

ところで、「生」の反対は「死」でしょう。そうだとすると、前の原則によって、次のことが言えます。つまり、生きているものは死んでいるものから生じ、死んでいるものは生きているものから生じる。生は死から生じ、死は生から生じる、と言ってもいいでしょう。

このうち、「死は生から生じる」の方は、わかりやすいでしょう。ふつう「生から死が生じる」という言い方はしませんが、「死ぬ」のは「生きている」ものだけであって、生きてすらいないもの、たとえば石ころは、死ぬことはありません。そうすると、「死ぬことの前提として、生きていることが必要である」という意味で、「死」は「生」から生じる、ということが理解できるでしょう。

(1) プラトン『パイドン―魂について』納富信留訳、光文社古典新訳文庫、二〇一九年、64ページ。

問題は、「生は死から生じる」の方です。これはどのように理解したらいいのでしょうか。常識的に考えれば、死んだものは生きかえりません。ですから「死から生が生じる」という表現は異様に聞こえます。

プラトンはこの点を、「生者は、冥界に存在する魂から生じる」と解釈しています。これは彼の時代の神話が深く関わっているでしょう。古代ギリシアでは、死者の魂が赴く場所として「冥界」というものが考えられていたようです。ちょうど、私たちのいう「あの世」のようなもので、いわばそこは死者たちの世界であり、死んだ人たちの魂が漂っています。このような神話に基づいて、プラトンは、「死から生が生じる」とは、この死者たちの世界である冥界から、魂がこの世に舞い戻ってきて、そして、新しい命が生まれる、ということだと考えました。

プラトンは、この議論に、もう一つ補足的なことを加えています。それは、「もしも、死から生が生まれるのでなければ、万物は死滅してしまうだろう」ということです。つまり、生きているものが死ぬだけで、死んだものから生命が生まれないならば、世界の運動は、ただ生から死への一方通行となり、世界は滅びてしまうだろう、ということです。

さて、この議論は現代でも有効でしょうか。この議論について、プラトンは、ソクラテスをして「なににもましてその通り」と語らせているが、現代の私たちには、どうしてこれが説得力をもつ議論なのかを理解することが難しいと思います。

プラトンのこの議論は、おそらく、誕生と死亡を一種の変化としてとらえることを前提としていると思われます。そしてその変化のもとにあるものを魂だと考えているのではないでしょうか。つまり、魂というものが生と死を越えて存在していて、その魂がこの世に現れることを「誕生」と呼び、この世からいなくなることを「死亡」と呼ぶわけです。

もし、そのような魂が存在し、そして、魂が存在する場所が、この世とあの世しかないのであれば、この世からあの世への一方通行では、いずれこの世から魂はなくなってしまうでしょう。そしてもしこの世が長く続いているのであれば、あの世へ行ってしまった魂は、次々にこの世に戻ってきていることになります。

しかし今、問題になっているのは、その魂というものがそもそも存在するのかどうかということです。ですから、プラトンのこの「反対のもの」の議論は、この問題にかんしては成功していないと言わざるをえないと思います。

5　学ぶのではなく思い出すのだ

なぜ、プラトンが、魂の不死論証の冒頭に、このような議論を置いたのかはわかりません。しかしいずれにしても、『パイドン』は、この議論のあとに、一種の「補強」という名の下に、いくつかの別の証明を提示しています。そしてこの補強の方が、私たちには興味深いように思えます。

最初に語られるのは、有名な「想起説」です。これは「学ぶことは思い出すことである」という主張ですが、通常、「学ぶ」ことと「思い出す」こととは、異なる事態だと考えられています。小学生が初めて九九を「学ぶ」とき、それを「思い出す」とは言いません。「思い出す」のは、言うまでもなく、過去に学び、記憶に留めているものを、再び意識の表面に引き出してくることですから。

「知る」という言葉との関連で言えば、「学ぶ」のは、「知らない」ものを、新しく「知る」ようになることであるのに対し、「思い出す」のは、「知っている」ものを、不活性の状態から活性化して意識の対象とすることだと言えるでしょう。

つまり、「学ぶ」ということは、無知から知への移行であるのに対し、「思い出す」ということは、不活性の知から、活性化された知への移行です。

通常、私たちは、知らないことがたくさんあると思っています。だから、学ぶべきこともたくさんあると思うわけでしょう。もしも、学ぶことは思い出すことだとすると、私たちには学ぶことは何もなく、本当はすべて知っており、ただ、その忘れているものを思い出すだけだということになります。

しかし我慢してプラトンの思考について行ってみましょう。たとえば、「等しい」という考えを、人間はどのようにして習得するでしょうか。小さい子供が、様々な形の積み木で遊んでいます。そのうち、彼は、うまく積み重なるものと、そうでないものがあることに気づきます。そしてうまく積み重なるものを選んでいるうちに、それが、何か共通の形をしていることに気づきます。そのとき、彼の心の中に、「同じ」という理解が突如として浮かびます。

子供の知能の発達の中で、最も感動的な場面の一つは、この「同じ」に気づくときではないでしょうか。二つの三角の積み木を見せて、「いっしょ」と言ってやると、はじめは、何のことかわからず、見当はずれのことを言っていますが、時期が来ると、突然、これがわかるようになります。「いっしょ」という語りかけに対して、目を輝かせ、「いっしょ！」と何度も繰り返します。子供の心は、「いっしょ」ということにすら感動することができるのです。

しかし考えてみれば、積み木の中で「いっしょ」という考えそのものを直接に表しているものは一つもありません。三角の積み木は、「三角」を、四角の積み木は「四角」を表すのであり、「同じ」を表している積み木はありません。「いっしょ」という理解は、何か、モノに密着して備わっているような何かではなくて、それを見る者が、何らかの知的活動によって、気づいたり、見いだしたりするものです。

世の中には「同じ」というモノはありません。三角の積み木を並べて、親が「いっしょ」と言う。リンゴの絵と、本物のリンゴを交互に指さして、また、「いっしょ」と言う。これを繰り返すことで、赤ん坊は、突然、「いっしょ」ということに「気づく」のです。

プラトンは、それは人間が「等しいもの」を見たとき、「等しさそのもの」を思い出すからだ、と言います。この「等しさそのもの」という考え方は、プラトンの特徴です。プラトンによれば、「等しいもの」と「等しさそのもの」とは違います。「等しいもの」とは、先の例で言えば、二つ並んだ三角形の積み木です。「等しさそのもの」は、それらの積み木を等しいものにしている何かです。そして、この「等しさそのもの」というものを、人間は、生まれてくる以前から知っているはずだ、とプラトンは主張します。

プラトンは、「等しさ」だけでなく、「美そのもの」「善そのもの」「正義」「敬虔《けいけん》」など、「～そのもの」と言えるようなあらゆるものについて、それが現実に経験される具体的などのモノとも異なると言います。そしてそのようなことについての知識は、「魂が人間として生まれる以前に」獲得したのだと論じます。

「生まれる以前に存在した」ということは、「死んだ後にも存在する」ということを必ずしも意味しませんから、この議論は、魂の不滅や不死を直接に証明するものではありません。しかし、生まれる以前に身体が存在しなかったことは確実ですから、この議論は、人間がただ身体だけの存在ではないことを強く示唆しているようにも見えます。

6　学ばないものは思い出すのか？

でもこの議論は、現代の私たちから見てどの程度説得力があるでしょうか。「等しさ」は、けっして「リンゴ」のように世界の側にあるのではなく、いわば心の中から湧き上がってくるもの、プラトンに言わせると、思い出すものであることはたしかです。

しかし、私たちの心は、生まれたときは真っ白で、すべては生まれた後に経験を通して学んだものだという考え方自体が、古い極端な考え方であるようにも思います。

たとえば、生物は一般的に、本能とひとまとめにされるような複雑な行動を、だれに教えられることもなく行います。想起説を生み出した思考法を取るならば、生物が生まれつき備えているこれらの本能はすべて、その生物の魂が前世で学んだ技術を思い出しているのだ、という話になりかねません。

つまり、生物の一員として、私たち人間の身体も、非常に複雑で高度な本能を備えていると考えるのが自然でしょう。その一つとして、「同じ」という理解も、情報処理の道具の一部として備わっていると考えるのがいいように思えます。

私たちが属する人間という種は、長い長い進化論的な過程の中で、さまざまな試行錯誤を行い、その結果として、生存のために有利な多くの仕組みを備えるようになりました。その一部は、大脳を中心とした中枢神経の情報処理機能であり、そこにはさまざまな直観が備わっていて、等しさだけでなく、順序関係などのさまざまな関係を見て取るセンサー、整合性チェックや矛盾をはじく機能が備わっていると考えれば、わざわざ前世の魂の物語を語る必要はありません(2)。

むしろ重要なのは、私たちの意識が「同じ」という感じをもつことでしょう。同じ長さの棒を集めることなら機械にでもできます。長さを測るセンサーと、それに合わせる基準を記憶しておくメモリーがあれば、基本的にそのような動作を行わせることができるはずです。

しかし機械にできないのは、「同じ」という感じをもつことです。ただプログラムされた三〇センチメートルの棒を見つけ出すのではなく、「三〇センチの長さ」という感じを持ち、そして「三〇センチと同じもの」という感じに当てはまるものを探すということは、意識があるものだけにできることです。どんな長さについても、あるいは、長さだけでなく、重さや広さや深さについても、その他あらゆることについて「同じ」という同じ感じが当てはまることを感じること、これが機械にはできません。ではこの感じとは何でしょうか。

7 赤い色はどこにあるのか

西洋哲学史の中で、魂は、古代から現代にいたるまで、ずっと問題にされてきました。魂の存在をはっきりと否定する哲学者ももちろんいますが、そうでない哲学者の方がはるかに多いでしょう。

死んだ後も魂が残ることを証明することは非常に難しいし、その魂がどのような経験をするのかということは、ある意味で、死んでみないとわからないことです。しかし、人間がたんなる複雑なタンパク質からできたロボットではないことを示そうとする議論

(2) もちろん、ここに示したプラトンへの反論は、非常に部分的で表面的なものです。興味を持った人はぜひ『パイドン』を読んでください。優れた日本語訳がたくさん出ていますが、本書の執筆時点で最新の納富訳が最初の一冊としてはおすすめです。

は、哲学の中にたくさんあります。

それらは、観念論や現象学、実存主義などの名前で呼ばれる哲学の中にたくさん見られますし、それ以外にも、さまざまなしかたで、人間がたんに物質ではないこと、科学では説明できない領域をもっていることを示す議論があります。

その中で、おそらく一番身近でわかりやすいのは、クオリアを使った議論ではないかと思いますので、少しそれをご紹介しましょう。

クオリアとは、「どのような性質の？」というラテン語の疑問詞に由来する言葉で、そのまま訳すと「性質」という意味ですが、現代哲学でクオリアと言えば、特定の物理過程との関連で見られた場合の主観的な意識経験を指し、一般に「感覚質」と訳されます。哲学の言葉は、その文脈に応じて微妙に異なるさまざまな意味で使われますので、クオリアが意味するものも時と場合で違いますが、ここでは、色、音、味、香り、感触など、主観的な意識に現れている感覚的なもの、よく「感じ」と呼ばれるものを指すことにしましょう。また本書では、クオリアを魂に迫る一つの道として取り上げますので、本来の文脈を離れて、哲学で「現象」や「直接の経験」と言われるものも、広くこれに含めます。

具体的な例から始めましょう。今、あなたの目の前に赤い花があるとします。真昼の太陽のもとで、その赤さが目に染みるようです。その赤い色の感じがクオリアと呼ばれるものです。

意外なことに、これまでだれも、その赤い感じがどのようにして生じるのかを十分に説明できていません。いや、太陽の光と、目の仕組みと、視野をつかさどる脳の仕組みを解明すれば説明できるだろう、と思うかもしれませんが、そうではありません。

もちろん、その方向で説明を試みることはできます。やってみましょう。太陽の光にはさまざまな波長のものが含まれていて、人間の目が感じられる範囲の光は可視光と呼ばれます。可視光の中で、比較的長い波長の光は赤く見えるので、目の前の花が反射したその長い波長の光が目に入り、角膜を通り水晶体でピントを合わされて網膜に到達し、網膜上に倒立実像を結びます。その像の刺激が視細胞に受容され、視神経を通って脳の後頭葉に伝えられます。そしてそこにある視覚野でデータが処理されて、私たちに赤い色が見えるのです。

これでいいじゃないか、何の問題もない、と思うかもしれませんが、注意してほしいのは、この説明の最後に現れる、赤い色の赤い感じとは何なのか、ということです。太陽の光の中に、赤い色の赤さが含まれているでしょうか。光は電磁波です。太陽の光の中にはさまざまな波長の電磁波が含まれていますが、その意味は、さまざまな長さの波が含まれているということであって、そこに赤い感じがあるわけではありません。

人間には特定の波長の電磁波が赤く見えます。しかし、他の生物に同じように赤く見えるとは限りません。極端な話、視覚を持たない生物にとって、その電磁波を受け取っても何も感じないでしょう。それはちょうど私たちが目を閉じているときと同じです。あるいは、人間ほど色の感覚が発達していない生物だと、人間にとっての赤い色は、灰色に感じるかもしれません。逆に、人間より色に敏感な生物は、赤い色を、何か別の感じとして見ているかもしれません。実際、チョウは人間には見えない紫外線を「見る」ことができるそうです。つまりチョウは、人間とは違った感じで花を見ているのです。

そうすると、この色の感じは、生物によって違うと考えるのが自然です。人間に赤いと感じられるからといって、その花のほんとうの色は赤であると言うのは傲慢でしょう。

人間にはたまたま赤く感じられるのであって、チョウから見ると紫かもしれません。そのとき、チョウが「ほんとうは紫だけれども人間には赤く見えている」と言ったら、おかしな気がしませんか？

　ですから、色は、それを受け取る視覚と呼ばれるシステムの中で発生すると考えられます。人間が目の前の花を見て感じる赤い色は、人間の視覚システムの中で発生していることになります。では、視覚システムの中のどこで、どのようにして赤い色が発生するでしょうか。

　驚くべきことに、視覚システムの中で赤い感じが発生するところはどこにもありません。電磁波を受け取る網膜の神経が刺激され、その刺激が脳の視覚野まで伝わるのは、すべて電気信号です。比較的長い波長の可視光線が神経を通って脳に達したとき、結果として、まるで手品のように、赤い色が出現します。

　この最後に現れる、赤い色の感じこそが、クオリアと呼ばれるものです。しかし、これまでの説明をたどっていけば、最後の最後に発生するこのクオリアが何であるかの説明がまったくないことがわかるでしょう。

8　赤い色は脳の中にもない

では、もう少しがんばって、「赤い色の感じ」が発生する仕組みを考えてみましょう。もし、網膜から後頭葉までのあいだの神経細胞のどこかで赤い色が発生していないとすれば、それは後頭葉という脳の部分で発生するしかありません。しかし脳は主としてタンパク質でできた物質です。非常に複雑な、神秘的とも言える器官ですが、しかし物質です。死んだら焼かれて灰になります。

その脳が、赤い色の感じを生みだすのに重要な役割を果たしていることは、脳科学が明らかにしてきました。それは、脳のさまざまな部位と、その患者や被験者の行動との関係についての膨大なデータをもとにしています。たとえば、さまざまな脳の損傷の事例を研究して、どの部位が損傷したらどのような症状が現れるかということについての調査データが数多く蓄積されています。

後頭葉が視覚と結びついていることについても、そのようなデータからわかることです。実際、網膜から後頭葉までの経路を損傷した患者は、視覚に異常が生じることがわかっています。

赤い色が見えるためには、視覚システムが必要です。しかし、どうして視覚システムが働けば、赤い色が見えるかはわかりません。あえて言えば、特定の電気信号が視覚システムを刺激したときに、視覚システムは意識の中に赤い色を出現させるのです。

ですから、この赤い色の感じは、外界にあって、視覚システムを通して取り込まれたものではなく、視覚システムが意識の中に出現させたものです。この赤い色の感じは意識の中以外のどこにもないわけですから、その意味では、世界の中に出現させたと言ってもいいでしょう。目の前の花の赤い感じは、世界の中にある花と、私たちの知覚システムが協力して作り出したものです。

このとき、よく、この赤い感じは脳の中にあるという言い方をします。しかしそれは正確ではありません。だって、いままでずっと、赤のクオリアが脳の中にないことを説明してきたでしょう？　脳の中にある赤いものは血液や赤血球であって赤のクオリアではありません。脳と意識は違います。脳はタンパク質を主成分とする複雑な物質ですが、意識はタンパク質ではありません。意識は脳と密接な関係があることが分かっていますが、しかし、意識の内容であるクオリアが、どのような脳の神経回路の活動の結果として生じるのかということは、まだほとんど何も分かっていません。

クオリアをめぐる謎は、結局のところ、この「意識」なるものが何なのかという謎です。ですから、この問題は、意識の難問（ハード・プロブレム）と呼ばれているのです。

9 触れた感じ

クオリアという視点に慣れてくると、色だけではなく、およそありとあらゆるものがクオリアであることに気付きます。たとえば触覚について考えてみましょう。

私たちは、ものを触ってさまざまな感じをもちます。「やわらかい」とか「すべすべしている」とか、「堅い」とか「ごつごつしている」とかです。あるいは、「熱い」「冷たい」「温かい」など、温度にかんすることや、「とがっている」「球形である」など形にかんすることも、触覚で感じることができます。

しかし、これらの性質が、外界にそのままあるとは思えません。たとえば「やわらかい」という感じは、感じる側の状態によって変化します。人間にとってやわらかいパンは、アリにとっては大地のように堅いでしょう。温度に対する感覚も同じです。温度はそもそも摂氏何度とか、華氏何度というように、数字で表現されます。それを熱いと感じるか、冷たいと感じるかは、感じる側がどのような触覚を持っているかによって変わるでしょう。

「とがっている」「球形である」も、厳密には、どのような触覚を持っているかによって変わってくるという側面があると思いますが、ものの形は、やわらかさや熱さに比べると、感覚システムの違いに応じて変化する割合が少ないかもしれません。しかし、感覚のシステムによって違って感じられることが、クオリアにとって必要であるわけではありません。

かりに、どんな触覚システムも、パチンコの玉を球形に感じるとしても、その「球形である感じ」はクオリアです。意識の中に浮かび上がってきた「球の感じ」が、そのまま外界にあるわけではありません。数学が得意な人なら、三次元空間の球面を表す方程式を思い浮かべることができるでしょうし、それを使えば、物理学の問題を解いたりコンピューターにシミュレーションをさせたりできますが、その方程式が丸い感じを表現しているわけではありません。その方程式が描く平面を「丸い」と感じるのは、私たちの意識です。

10 音や音楽も

音はもっと印象的です。音とは、空気の振動が耳に伝わり、鼓膜を震わせてその信号が聴覚野に伝わったときに、意識に浮かび上がってくるクオリアです。

音というクオリアがなければ、世界にはさまざまな振動が満ちているだけです。鳥が声帯を震わせても、ゴリラが胸を叩《たた》いても、大きな角のヤギが頭突きで縄張り争いをしても、「音」がなければ、それらの振動が、空気や水や、その他の媒体を震わせるだけです。この世に聴覚を持つ意識が生まれてはじめて、それらの振動が「音のクオリア」というまったく異なるものに変わり、「チュンチュン」「ドコドコ」「ゴツン」という感じとして意識の中に出現します。

当然、色について言えたことは音についても言えます。高音や低音は、聴覚システムに相対的に決まります。人間にとっての高音は、超音波を操るコウモリにとっては超低音でしょう。

　しかし、色の時に確認したように、音の感じ方が生物の聴覚システムに相対的に変化することは、それほど重要なことではありません。物理的に、音は周波数によって決まります。どんな媒体がどのように振動しているかによって、音は説明されます。その振動が耳に伝わり、聴覚神経に刺激を与え、そして大脳の聴覚野に到達すると、突如として意識に音のクオリアが出現します。

　メロディーや楽曲になると、さらに不思議さが増します。そこには明らかに時間が関係してきます。時間が重要であることは、本当は、色や触覚のときにも言えたことですが、音楽の場合にはそれが際立ちます。

　物理的、客観的に考えると、現に聞こえているのは今のこの瞬間の音だけです。強いて言えば、今聞こえた音が、すぐに記憶にため込まれ、記憶の中の音と、今聞こえている音と、そしてこれから聞こえるであろうと予測した音をつなぎ合わせて、メロディーを作るのだと説明されるかもしれません。

　しかし、私たちはそんな面倒な手続きを踏んで歌やメロディーを口ずさんだりしません。子供はちょうど一つのリンゴを理解するのと同じようにして、一つの歌をまるごと捕まえます。楽曲は切れ切れの音を組み合わせて構成されるのではなく、その他のクオリアと同じように、この世界を構成するものとして現に存在します。私たちは、そのようにクオリアとして存在する歌に触れ、まるごと捕まえて、ちょうどリンゴの表面をなぞるようにして、それを歌うのです。

11 見当外れの答え

しかしクオリアの謎は、なにが問題になっているのかを説明するのがとても難しい問題です。哲学の問題にはそのようなものがたくさんありますが、これは最近のチャンピオンでしょう。

この問題はよく、「どうして私たちの認知システムには意識経験が伴っているのか」というように表現されます。ここで言う「意識経験」は、ざっくりと、今まで見てきたクオリアのことだと考えてください。たとえばハチやアリなどの昆虫は、役割分担をして高度な社会生活を営んでいます。もし昆虫に意識経験がないとすれば（これは確かめようがないのですが）、意識経験がなくても高度な社会生活を営むことは可能でしょう。それは大型のサルでも同じことではないでしょうか。ということはつまり、ヒトも、意識経験がなくても、今と同じような社会を営むことは可能だということを意味しています。

つまり、「赤い」という感じをもたなくても、特定の波長の電磁波を感受して、それを記録し処理し反応するシステムがあれば、種の保存のためには十分でしょう（ちょうど昆虫のように）。だとすると、なぜ、わざわざ「赤い」という意識経験、つまり赤のクオリアを私たちは持っているのでしょうか。

しかし、この問いには少し危ういところがあります。なぜなら「どうして〜なのか」という問いには、いろいろと答えようがあるからです。たとえば、意識を持つことによって、より直観的に判断をすることができ、より迅速で細やかな外界とのやり取りが可能になるので、進化上の優位を獲得できるのだ、というような答え方がすぐに思い浮かびます。

ですが、今問題になっているのは、意識経験やクオリアがもしあれば、それは何の役に立つのかということではなくて、現に目の前にある意識経験やクオリアが、どんなしくみでどこにどうやって生じているのか、という問いなのです。

12　アンドロイド、またはゾンビ

クオリアの問題を説明するのは難しいので、わかっている人にはくどいと思われるかもしれませんが、たぶんまだ芯のところがわかりにくいと感じている人もいると思いますので、もう一度チャレンジしてみます。

人間を含む生物の感覚は、物理的な現象が基礎になっています。触覚は熱や密度などの物質の性質、聴覚は空気など媒質の振動、嗅覚と味覚は化学物質の反応、そして視覚は光線とレンズと像の光学的な性質が基礎にあり、それぞれに対応する感覚細胞がそれらの刺激を感受して、その興奮を神経細胞を通して中枢神経に送ります。

この過程は、まだまだ細部にはわからないこともありますが、多くの部分が科学的に解明されていて、今後の科学の進歩に伴って、どんどんわからない部分も解明されていくでしょう。

かりに、私たちの文明が将来ものすごく発展して、感覚のしくみがすべて解明されたとします。そうすると、その知識を用いて、人類はついにアンドロイドの製造に成功するでしょう。そのアンドロイドには、触覚、聴覚、味覚、嗅覚、そして視覚が備わっています。人間の水晶体と同じ働きをするレンズを通して、人間の網膜に相当するアンドロイドの目に備わったフィルムに、人間と同じように倒立実像が像を結び、アンドロイドの光学センサーは、その刺激をアンドロイドの中枢に伝えます。

そのようにして集められた情報を、アンドロイドの中枢はその他の情報と統合させて処理を施し、必要な場合には身体を反応させ、しかるべき取捨選択をした後に、今後の情報処理のためにメモリーに蓄えます。

しかしこの優秀なアンドロイドは、たとえば赤い感じをもつでしょうか。もつとは考えられないし、また、そのような感じが生じる場所がどこにもないように思えます。さまざまな感じが集まったものを意識と呼ぶとすると、アンドロイドには意識がないように思われます。しかし、アンドロイドは、人間とまったく同じように反応し、会話をし、社会の中で自分の役割を果たすのです。

私たちも、ある部分はアンドロイドのようなものです。つまり、私たちの身体を、タンパク質を主成分とする物理的なものだと理解するかぎり、その理解された部分はアンドロイドです。心身二元論は、かつて「機械の中の幽霊」仮説と呼ばれましたし、今でも、ある種の人々は、多少自虐的に、自分たちのことを、人工知能が備わった主にタンパク質でできた複雑なロボットだと理解する傾向があります。

しかし、これは悪い冗談です。人間はけっしてロボットではありません。なぜなら、人間には意識があるけれども、ロボットには、たとえそれに人工知能が備わっていたとしても、意識、つまりクオリアがないのですから。

では、意識やクオリアはどこにあるのでしょうか。この目の前にある、私たちがずっとそれを生きてきて、今も生きているこの世界は、いったいどこにあるのでしょうか。

このタイプの問いの力は強力で、いったんそこに問題があることに気付いてしまうと、大げさではなく、他のことは手に付かなくなります。目の前に展開している世界、五感に感じる世界、心の中のさまざまな情動や思い、こういうものすべてがいったいどういうしくみで現にあるのかという問いは、おそらく多くの哲学者を生み出した問いであり、また現に哲学を駆動している問いの一つでしょう。

言ってみればこれは存在論的な問いです。具体的には、「クオリアがある」とはどういうことなのか、という問いです。これが、まったくわからない、手がかりすらつかめない謎に見えます。

でも、これまで「がある」と「である」を分けて考えてきた私たちには、少し手がかりのようなものが見えているような気もしませんか？　いやいや、ここは急がず、この問題はもう少し先で考えることにしましょう。

13　夢かうつつか

少し脱線するかもしれませんが、クオリアの場所である意識にはもう一つ不思議な側面があります。それは、夢です。

意識に現れている感覚的なものを、広い意味でのクオリアと呼ぶとすると、夢はクオリアでできています。ふつう、夢は、起きているときに経験したものが脳に蓄えられて、それが睡眠中に何らかのしかたで呼び起こされて見るものだとされていますが、クオリアが脳の中にないならば、この説明もはじめからやり直す必要があります。

私たちの意識は、外界からの刺激を受けて、それに対応する特定のクオリアを生み出します。しかし、睡眠中は、外界の刺激に応じた夢を見ているわけではないですから、クオリアを生み出すために、必ずしも外界からの刺激を必要としません。(3)

つまり私たちは、目を閉じたままで夢を見ることができます。「見る」と言っても、この場合、目は閉じられているので何も見えませんし、また、脳にもう一つの目があるわけではないので、文字通りの意味で脳が何かを「見る」わけではありません。しかし脳には夢が見えています(そうとしか言いようがありません)。そう考えると、「夢を見る」というのは、誤解を招く不思議な表現です。あたかも、自分の脳の中にもう一人の自分がいて、その第二の自分が寝ているときに脳の中のスクリーンに投影された夢を眺めているかのような言い方ですが、もちろん、私たち一人一人が自分の頭の中にそんな小さい妖精を飼っているわけではありません。

もし、目を開いていなくても、つまり外界からの刺激がなくても意識はクオリアを発生させられるのであれば、もともと外界の刺激がなくてもクオリアが発生するところに、外界の刺激に対応するようなクオリアを発生させるという機能が加わったと考える方が自然です。

少し刺激的な言い方をすると、覚醒時の意識内容を現実と呼んでいいならば、夢と現実は、夢の方が原始的であり、その意味で夢は現実よりも先なのかもしれません。太古の海で、夢を見る生物が出現し、その夢が、生存のために有利なように、外界の反応にすぐに反応するように進化したものが、今ここで現実と呼んでいる、私たちの覚醒時の意識なのかもしれません。

私たちは、言ってみれば、起きているあいだも常に夢を見ているのであり、それが睡眠中の夢と違うのは、身体、とくに感覚器官を通して、リアルタイムに外界と連動している点だけにすぎないのかもしれません。

本書の最後の方で、「安全性」という話が出てきますが、それを先取りして言うと、

(3) 水遊びをする夢が覚めたらおねしょをしていた、という子供の頃の苦い記憶が教えるように、外の刺激に応じた夢を見ることはありますが、ここでのポイントはそういうことではありません。

私たちの意識は安全な夢と言えるかもしれません。外界の刺激を受け取って、それをクオリアに変換して鏡のように映し出しているのではなく、もともと自分の中から生まれてくる夢を、外界の刺激に連動するように改良したもの、それが私たちの意識であるように思われます。

いや、少し想像が先走りました。このようなことは、哲学だけでなく、さまざまな学問の力を合わせて、今後、解明していくべきことでしょう。

ともかく、私たちが現に感じているあらゆるクオリアは、物理的、科学的に理解された身体と外界との相互作用によってはまったく説明できません。このことは、私たちが身体だけでないこと、つまり私たちが、タンパク質を主成分とする、大自然が作り上げた精巧なロボット+AIではないことを強く示唆しています。

少なくともクオリアは、物理的、科学的、客観的世界の中には存在せず、主観的な意識の中に存在します。まるで世界には二つの場所があるかのようです。ここに、「魂」と呼ばれてきた未知の領域への通路が隠されています。

第五章　魂と私

これまで、「魂」への入口として、クオリアの問題を見てきました。しかし、「人間は死んだらどうなるのか」という宗教的な問いは、このような魂の存在だけにかかわる問いではありません。かりに魂の存在を認めたとしても、まだ大きな問題が残っています。

たとえば、私の身体を構成している原子たちは、おそらく、有機体としての身体が生命活動を停止した後も、何らかの形で残存するでしょう。現在の日本では、多くの場合、生命活動を停止した後の身体、すなわち死体は、火葬場で焼かれます。しかし、燃焼は一種の酸化反応ですから、身体という物質を構成していた諸原子が、焼かれることによって消滅するわけではありません。それは水、二酸化炭素、ススとなり、また灰となって、いわば死後もこの世界に残存します。

しかし、この事実は、「人間は死んだらどうなるのか」という問いに対する答えとはなりません。たしかに、私の身体を構成する原子たちが、私の死後も存続するという事実は、何かしらロマンチックな気分にさせてくれます。ましてや、今の私の身体を構成している原子の中のいくつかは、遥《はる》か昔の宇宙空間で起こった超新星爆発のせいで生まれたものだ、というようなことを聞くと、ロマンを越えた神秘的な感動をすら覚えます。

そのような感動に浸るのはとても大切なことでしょうが、おそらくこの感動は、「私は死んだらどうなるのか」という問題とは、あまり関係がありません。

あるいは、「人が本当に死ぬのは、忘れ去られたときだ」という言い方もあります。人は死んでも周囲の人たちの心の中に思い出を残します。そのような人たちの心の中に記憶として存在する限り、その人は何らかの意味でまだ生きている。しかし年月が流れ、もはやだれの記憶の中にもその人が存在しなくなるときが来るでしょう。そしてそのときが、その人が本当の意味で死ぬときだ、というわけです。

人間の社会性ということを考えれば、このような理解も何らかの重要性があるでしょう。しかし、やはり宗教的な意味で問われるような「死後」の問題とはほとんど関係がありません。

多くの宗教が言う「死後の世界が存在する」という主張は、「あなたの身体を構成している物質が、あなたの死後もこの世界に存在する」とか「あなたの記憶はあなたの死後もこの世界に生きる人々心の中に存在する」という意味ではありません。しばしば、「死後の世界」は「あの世」と言われます。このことからも分かるように、「死後の世界」とは「この世界」とは異なる世界です。「死後の世界が存在する」とは、「この世とは異なる世界が存在する」という意味です。

ですから、「死後の世界が存在する」という宗教的な主張は、通常、次のように理解されています。「私は生きている。しかし、いつかは死ぬ。しかし私の身体が滅んだあとも、私はあの世で生きる」。この表現は、次の表現とは内容が異なります。「人間は生きている。しかし、いつかは死ぬ。しかし身体が死んだあとも、魂は残存する」。

後者は、科学的に処理することができる主張です。いわば、第三者の視点から、魂の存在について、そして、魂の残存や不滅について研究することができます。しかし前者は、「私」が問題であるというまさにその点において、第三者による科学的な処理を受け付けません。なぜなら、かりに身体とは異なる魂なるものの存在が確認され（たとえば特殊なエネルギー体として?）、なおかつそれが身体の死後も残存することが確認されたとしても、その魂が「私」である保証はありません。いったい、この私が死んだあと、残る魂がいぜんとして私であるということを、私以外のだれが確認できるでしょうか？

ここに現れるのが、死後の世界をめぐる第二の問題、「私」の問題です。身体の死後も魂が生きているとして、その魂が「私」であることを、何が保証するのでしょうか。

1　四つの不思議な話

このような問題を考えるための準備として、以下のいくつかの架空の物語を読んでみましょう。

第一話

ある時、超文明の宇宙人が現れ、あなたに次のように言ったとする。「我々は、あなたを地球人研究プロジェクトのサンプルに選んだ。申し訳ないが、あなたには死んでもらう。我々はあなたの身体を我々の星に持ち帰り、解剖その他の研究に用いる。心配しなくてもよい。我々は、精巧なあなたのレプリカを用意しよう。我々の文明は、すでに、人工細胞の生成に成功しており、あなたの身体を、分子レベルでコピーすることができる。もちろん、あなたの脳に蓄えられているすべての情報も、新しいレプリカに転送する。今のあなたは死んで我々の実験材料となるが、あなたの身体と脳の内容は、我々によって完璧にコピーされる。周囲の者がこのすり替えに気付く心配は全くない。だからあなたとしては、実質的な被害は何もない」。

このように言われて、あなたはどう反応するでしょうか。おそらく「私とそっくりのレプリカを作ってくれるというのなら、問題はない」と考える人はいないのではないでしょうか。いくら完璧なレプリカとはいえ、それが「あなた」である保証はありません。むしろ、あなたではないと強く思われます。そしてこのプロジェクトによって、今の「あなた」が殺されることに変わりはありません。

たしかに、この宇宙人の技術が十分優れていれば、「あなた」の死後も、だれもあなたがいなくなったことに気付かないでしょう。あなたの家族も、友人も、学校も役所も政府も、「あなた」は「あなた」であり続けていると信じて疑いません。しかし実際は、

「あなた」は宇宙人に殺され、「あなた」のコピーが、新たに存在しているだけなのです。

こう考えると、本当の意味での「あなた」や「私」は、このような宇宙人の超未来コピー技術によってはコピーされないような何かだと思われてきます。では、何がコピーされないのでしょうか。コピーされないような「あなた」とは何でしょうか。「私」とは何でしょうか。

第二話

ある時、超文明の宇宙人が現れ、あなたに次のように言ったとする。「我々は、あなたを地球人研究プロジェクトのサンプルに選んだ。言いにくいことだが、あなたには一週間前に死んでもらった。我々はあなたの身体を我々の星に持ち帰り、解剖その他の研究に用いた。心配しなくてもよい。我々は、精巧なあなたのレプリカを用意したのだ。あなたは気付いていないが、それが今のあなただ。我々の文明は、すでに、人工細胞の生成に成功しており、あなたの身体を、分子レベルでコピーすることができた。もちろん、あなたの脳に蓄えられていたすべての情報も、新しいレプリカに転送した。あなたが、自分が一週間前に生まれたのではなく、それより遙か以前からずっと生きている気がするのは、この記憶転送が成功したせいなのだ。以前のあなたは死んで我々の実験材料となったが、あなたの身体と脳の内容は、我々によって完璧にコピーされた。周囲の者も、このすり替えにはまったく気付かなかった。だからあなたとしては、実質的な被害は何もなかったのだ」。

このように言われて、あなたは、どう反応するでしょうか。第一話に比べて、この第二話は少し想像力を膨らませなければなりません。宇宙人が突然現れて、あなたが一週間前に作られたアンドロイドだと言います。おそらく本当にこんなことがあったら、すんなりとこの宇宙人の言うことを信じる人はいないでしょう。あなたには記憶がありま す。一週間前に何をしていたかはちゃんと覚えているし、二週間前、一ヶ月前、一年前、十年前の記憶だってあります。だから、自分が一週間前に作られたロボットだと言われても信じる気にはならないでしょう。

しかし、宇宙人によると、そのような過去の記憶もそっくりそのまま、以前のあなたの脳からコピーされたものです。「一年前の夏休みに友達と北海道に行った」というあなたの確かな記憶も、一週間前に、今のあなたの人工脳に移植されたというのです。

こうなると、あなたは、自分の記憶を根拠にして、この宇宙人に反論することはできません。また、もしもこの宇宙人が属する文明の地球型生命体複製技術が完璧であれば、複製現場の証拠ビデオでも出てこない限り、この宇宙人の「犯罪」を暴く手だてはありません。

第三話

ある時、超文明の宇宙人が現れ、あなたに次のように言ったとする。「あなたには関係ないことだが、我々は以前、太郎という人間を地球人研究プロジェクトのサンプルに選んだ。太郎には死んでもらった。我々は太郎の身体を我々の星に持ち帰り、解剖その他の研究に用いた。我々は、混乱を避けるために、精巧な太郎のレプリカを用意した。それが今の太郎だ。我々の文明は、すでに、人工細胞の生成に成功しており、太郎の身体を、分子レベルでコピーすることができた。もちろん、太郎の脳に蓄えられていたすべての情報も、新しいレプリカに転送した。以前の太郎は死んで我々の実験材料となったが、太郎の身体と脳の内容は、我々によって完璧にコピーされた。周囲の者も、このすり替えにはまったく気付かなかった。だから太郎としては、実質的な被害は何もなかったのだ」。

このようなことを、ひょんなことで知り合いになった宇宙人が、学校の帰りに立ち寄った喫茶店でコーヒーを飲みながら、問わず語りに語りだしたとしましょう。あなたはどう反応するでしょうか。

あなたにとって、その太郎という人間は赤の他人であり、これまでも、そしてこれからも、全く関係しないような人間だとしてみましょう。例によって、太郎が殺されたという事実は、当の太郎以外、誰も知りません。みんな、太郎は相変わらず元気だと思っています。そして、ある意味でそれは正しく、かつて「太郎」と呼ばれていた身体と精神は、寸分の狂いもなくコピーされてそこにあります。かつて太郎が果たしていた社会的役割は、すべて、問題なく引き継がれて機能しています。

しかし、それで何も問題はないでしょうか。何か釈然としないものを感じないでしょうか。憤然たるものと言ってもいいでしょう。殺された太郎はどうなるのでしょうか。人知れず、葬式も出してもらえず、墓も建たず、宇宙人の実験材料になって亡くなってしまった、その太郎はどうなるのでしょうか。

もちろん、この怒りを宇宙人にぶつけても、宇宙人はこう答えるだけでしょう。「あの太郎はどうなるかだって？　我々はあの太郎の完全なコピーを作ったと言っただろう。それ以外のどこに太郎がいるんだ？　全く宇宙人の言うことはわからないな」。

第四話

ある時、超文明の宇宙人が現れ、あなたに次のように言ったとする。「我々は、あなたを、地球人研究プロジェクトのサンプルに選んだ。心配しなくてもよい。我々の文明は、すでに、人工細胞の生成に成功しており、あなたの身体を、分子レベルでコピーすることができる。もちろん、あなたの脳に蓄えられているすべての情報も、新しいレプリカに転送できる。我々は、あなたではなく、そのレプリカを持ち帰り、解剖その他の研究に用いようと思う。そういう訳なので、今度の休日、某時刻に某所まで来ていただけないだろうか。時間にして約二十分間、ある装置の中で横になってくれるだけでよい。その際、あなたには何の刺激も苦痛もない。もちろん、協力者であるあなたには、本プロジェクトから十分な謝礼が支払われる」。

このように言われて、あなたは、どう反応するでしょうか。おそらく、これまでの物語の中で、もっとも冷静でいられるのはこの物語ではないでしょうか。自分のコピーを作りたいという申し出に対して、多少の気味の悪さやとまどいを感じるかもしれませんが、そのコピーを用いて、地球人という未知の存在を研究するために用いたいという宇宙人の申し出は、理解できないこともありません。

しかし、ちょっと待ってください。自分のすべてがコピーされるときに、自分がそのコピーになってしまう可能性はないのでしょうか。気が付くと、自分は宇宙船に乗っていて、「話が違う！」と叫ぶあなたに、「君はレプリカだ。オリジナルはちゃんと地球に残してきたよ」と言われることはぜったいにないのでしょうか。

2 四つの不思議な話のまとめ

これらの話は私の創作ですが、どこかで見たことがあると感じるかもしれません。哲学の世界では、人格の同一性や独我論などの領域で、似たような架空の物語が作られて、多くの議論が蓄積されています。

私がここでこれらの話を持ち出したのは、そういった問題を蒸し返すためではなく、神と神さまをめぐる本書のテーマの範囲内で、「がある」存在に接近する一つの手段を示すためです。私とは何かという問題は、大きな広がりと奥行きをもちますが、ここでは、「がある」存在それ自体としての神への道しるべとして扱いたいと思っています。

さて、第一話で、私が宇宙人の要求を断りたくなる理由は、どんなに完璧な複製技術をもってしても、「私」はコピーされないと感じるからでしょう。自分の身体の完璧なコピーができるとしても、そしてそのコピーに自分の記憶が完全に移植されるとしても、それは「私のコピー」であって「私」ではないと感じます。

ここで想定されているコピーは、脳を含む身体の全体を、物理的に完璧に複製するこ

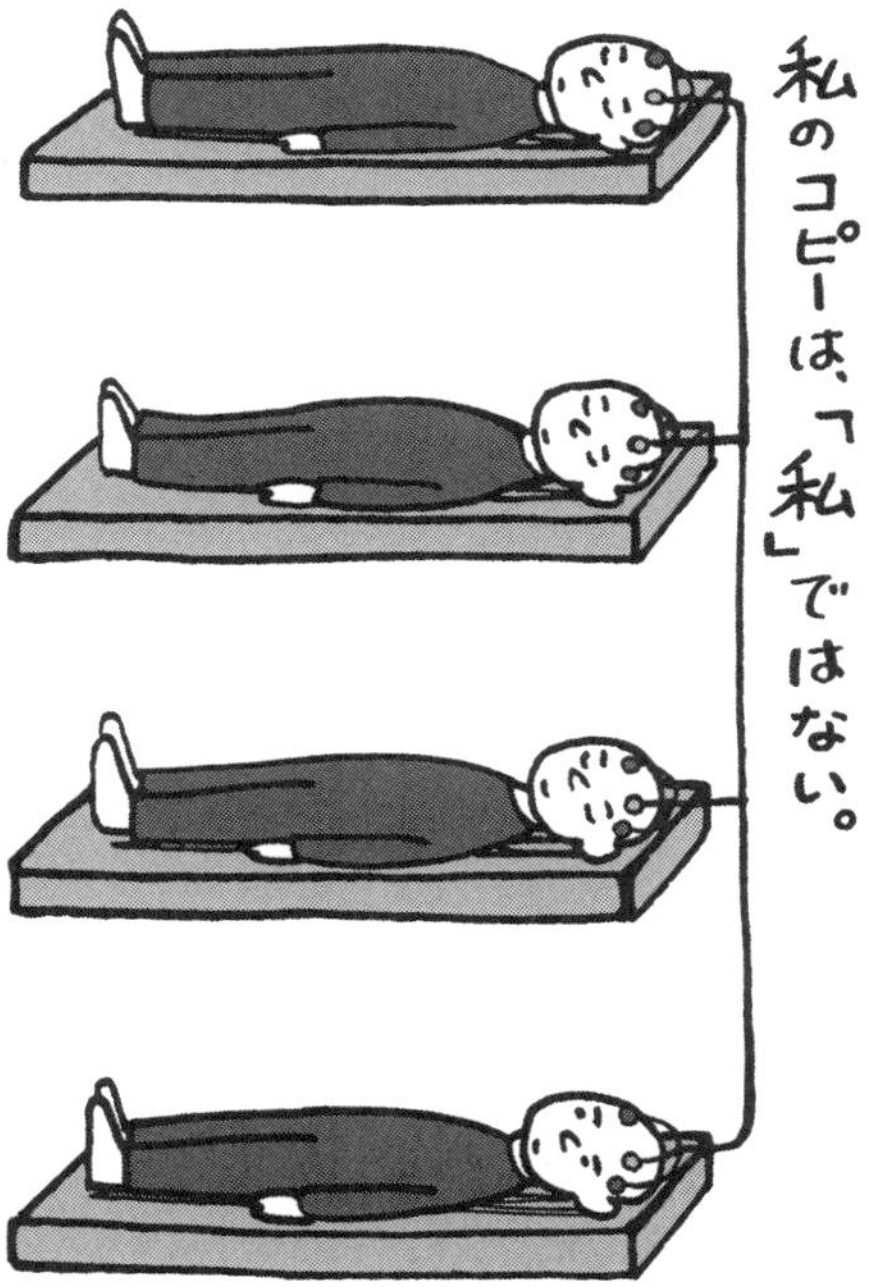
私のコピーは、「私」ではない。

とです。この複製によって「私」が複製されないとすると、「私」は、ある特定の物理的存在でないことになります。たとえば、ある特定の状態の脳が「私」なら、その脳の状態が完全にコピーされることによって「私」もコピーされるはずですが、実際には、ある脳がコピーされ、その脳が自意識を生み出し、その脳の持ち主のことを「私」と呼ぶとしても、その「私」はこの「私」ではないでしょう。

「私」が特定の物理的存在でないとすれば、それは何でしょうか。第二話は、それが現にある意識や記憶である可能性を暗示します。今の「私」がオリジナルの脳をコピーされたレプリカの意識に宿っているとするならば、「私」の存続のために重要なのは、記憶に基づいたある特定の意識の連続性であり、ある特定の身体の連続性ではないように思われます。

さらに、第二話はSF的な想定ですが、見方を変えれば、これに似たことは事実として毎日起こっているとも言えます。私たちの身体は、脳も含めて、日々新陳代謝を繰り返しているのですから、物質として見る限り、絶えず新しいものに入れ替わっています。たとえば、食物に含まれるある特定の物質に指標を付け、それを特殊な撮影装置で追跡するならば、その物質が摂取され、消化され、吸収されて、最終的に体外へ出ていくところが観察されるでしょう。つまり、脳を含めた人間の身体を物質の集合体と見るならば、その集合体を構成する部分となる物質は、時間とともに変化します。

この現象を、身体の緩慢な複製過程と見なしても、そう大きな飛躍ではないでしょう。私たちの身体は、常に、複製されています。その絶え間ない複製の過程が、私たちの生物的な生であるとも言えます。

しかし、それにもかかわらず、私たちは、人格的な同一性を保ちながら生きています。それは、その徐々に変化する身体の中に、同一の記憶や意識が持続しているからでしょう。つまり、この記憶や意識レベルの持続こそが、「私」の持続であるように思われます。

第三話は、三人称の観点から、つまり「私」の問題としてではなく、他人の問題として同じ状況を考えてみたものです。この例で興味深いのは、他人の場合にも、「私」の場合とよく似た問題が生じうるということです。

太郎という人物の完全なコピーが作られて地球に残され、オリジナルは連れ去られて殺されたという状況は、完全な殺人事件です。私たちが、殺人というものに激しく憤り、犠牲者の死を悲しむのは、税金を払う人が一人減るとか、うまくいっていた仕事が滞るとか、そのような理由によってではありません。私たちの憤りは、「太郎」というまさにその人物が、理不尽にこの世から消し去られたということに向けられているのです。

しかし、宇宙人は言うでしょう。「あなたは太郎が消し去られたと言うが、何が消えて無くなったのか。私たちは、太郎が突然いなくなったら周囲の者は困るだろうと思って、彼の身体を、脳も含めて、完全に複製したのだ。彼の記憶に蓄えられた情報も、すべてもとのままだ。いったい何がなくなったと言うのか」。

こう言われて、私たちはどのように答えたらいいでしょうか。衝動的に「あ、あの太郎は死んだのであり、この太郎は単なるコピーだ。あ、あの太郎が可哀想《かわいそう》だ」と言いたいのですが、なにせ相手は宇宙人なので、このような生半可な言い方が通じるとは思えません。ましてや、その場に複製された太郎が現れて、第二話の「私」のように、「変な人たちだな。ぼくは今までどおり生きているよ」と言ったとしたらどうでしょう。

第三話で感じられることは、私たちは「私」に関してだけでなく、他人にかんしてもまた、身体や記憶や、性格や能力や、家庭や社会での役割以上の何かを認めている、ということです。私たちが本当の意味で語りかけ、絆《きずな》を結び、思いやり、気遣うのは、そのような「何か」に対してではないでしょうか。

第四話は、ややトリッキーな設定です。鋭敏な読者は第一話の段階で感じたでしょうが、宇宙人が完璧なコピー技術を持っているのであれば、地球人のサンプルとして、オリジナルではなくコピーの方を持って帰ればいいのです。第四話には、まさにそのような宇宙人が登場します。

しかし、一抹の不安が残ります。脳を含めた身体の完全なコピーによって、「私」が移動してしまう可能性は、本当にゼロなのでしょうか。第一話ではゼロだと思われました。その理由は、この身体に宿る私は、物理的なコピーによってはどこにもコピーされないという確信でした。しかしこれは、「私」が特定の物理的性質とは独立に成り立つことを意味するのかもしれません。そうであれば、宇宙人が行う完全物理コピーによって、偶然、コピーされた側に「私」が移動することも否定できないのではないでしょうか。

3　思考実験には気をつけよう

ここで重要な注意点があります。これらの物語を深く味わって考えることは大切ですが、これらはあくまでも架空の話であり、思考実験です。私たちは、自分たちの思考にどんなクセがあるかを完全には把握していませんので、ただそう思われるということに基づいて、事実がこうだと決めつけてはいけません。

たとえば、第一話では、物理的なコピーによって「私」が移動しないと思われますが、そう思われる理由は、事実としてそうだからとは言い切れません。なぜなら、そのようなコピーはいまだかつて一度も行われたことがないからです。かりにそのようなコピーが行われたとしたら、という想定のもとで、私たちは、いわば想像をたくましくしているわけです。

そこには、その想像力のクセというものが、当然入り込むでしょう。たとえば、第一話では、私は宇宙人に殺されるかもしれないという恐怖を感じています。その恐怖は、生命体としての身体をできるだけ通常のしかたで継続させようとする本能から出てくるでしょう。身体のコピーによって「私」が移動しないと感じることもまた、現にあるこの身体を守ろうとする本能から出てくるものかもしれません。

こう考えると、第二話もまた、事実として、意識や記憶の持続が「私」の持続を保証するから、私がコピーされた側に移動しているのではなく、第一話のような、「これから殺されるかもしれない」という緊張感や恐怖がないことが、私たちの直観に大きく影響しているでしょう。たんに第二話では、「私」が持続している理由や条件について、あまり深く考えなくても済んでいるだけかもしれません。それに、もしかりに意識が決してコピーされないのであれば、第二話の想定ははじめから不可能です。第二話は、物理的なコピーにも意識が宿ることを前提にしてしまっています。思考実験を用いる場合には、このような、隠された前提にも注意が必要です。

4　宇宙人は何を見落としているか

これらのことを考慮したときに、なお、これらの物語からわかることはあるでしょうか。おそらく、私とは身体であるという身体説と、私とは意識であるという心理説とのどちらが正しいか、というような問題へ、このような思考実験を武器に迫ろうとするのは、あまりよい戦略とは言えないでしょう。

しかし、これらの物語に共通して言えることが一つだけあります。それは、この宇宙人が重大な何かを見逃していると思われるということです。宇宙人は、「あなた」や「太郎」の身体と記憶内容をレプリカにコピーすれば、どちらか一方を消去してもまったく問題がないと考えています。まるで、あるデータをコピーしたら、古いデータを消去しても問題ないのと同じであるかのように。

この点に、私たちは、この宇宙人が何かを見逃していると感じます。それも、何か些《さ》細《さい》なことではなく、一番重要なものを見落として、平気でいるように見えます。それは、おおざっぱに「魂」と呼ばれてきたものではないでしょうか。そしてそれは、本書で、「がある」存在と呼んでいるものに深く関係するように思われます。

この点をもう少し詳しく見ていきましょう。宇宙人は、何を見落としているのでしょうか？

一つ目の手がかりとして、これらの物語の中で、宇宙人が、「あなた」や「太郎」のすべてだと考えているものが、本当の「あなた」や「太郎」ではないという点に目を向けましょう。宇宙人が、「あなた」や「太郎」のすべてだと考えているものとは、そう、物質としての身体と、脳に蓄えられていると想定されている膨大な情報、そしてそれらの相互作用から生まれるものすべてです。それには、性格や考え方、話し方や歩き方、目標や自己評価を含むさまざまな知識などが含まれるでしょう。

しかし、宇宙人は、これらのことのすべてをコピーすれば、「あなた」や「太郎」はコピーされ、オリジナルを連れ去っても問題ないと考えるのですが、私たちはそうは思いません。

たとえば、記憶喪失を考えてみましょう。かりにあなたが、不幸にも事故の後遺症で記憶喪失になったとします。あなたは、自分の名前や出身、家族、これまでの経験などについてすべての記憶をなくしてしまいました。あなたは途方に暮れて次のように言うでしょう。「ああ、私はいったいだれなんだろう」。

このとき、あらゆる記憶を喪失しているはずのあなたが、「私」は失っていないことに注意しましょう。「私は〜である」の「〜」の部分をすべて記憶から失ってしまっても、「私」は失いません。「私」は「である」の集合体ではない、つまり「私は〜である」の「〜」に入る部分を全部集めたとしても、私になるわけではない、ということの一端がここに現れています。

5　今の自分は好きじゃない

少し整理をするために、「自我」と「人格」という言葉を使ってみましょう。記憶喪失で失われるものを「人格」、失われないものを「自我」と呼ぶことにします。「人格」とは「である」の集合体、つまりその人について「〜である」と言えるものをすべて（あるいはその文脈で重要なもの）を集めたものを、また「自我」は「がある」と表現される何かを指すとします。

第一話で、宇宙人の完全物理コピーによって「私」はコピーされないと感じるとき、それは「人格」ではなく「自我」が複製されないと感じるのです。物語に登場する宇宙人が、人格だけに目を向けて自我を無視しているのに対して、私たちは、人格とともに、いやそれ以上に、自我に目を向けています。

日常生活では、私たちは人格として行動することがほとんどです。それぞれが名前を持ち、特定の年齢、性別、所属などを「私は〜である」の「〜」の部分として持っています。社会はそのような人格の相互関係として成り立っていると言っても過言ではないでしょう。しかしそのために、私たちは、自分にとって本当に大切なものが人格であるかのような錯覚を常に起こしています。

しかし先に見たように、記憶喪失や、それに類した障害のために、人格にかんすることをすべて失ってしまっても、「私はいったいだれなんだろう」という問いを発することができます。つまり「私」であることの根拠は、人格ではなく自我です。「私は〜である」の「私」があって初めて、つまり「がある」存在としての私があって初めて、私の名前、私の年齢、私の性別、私の所属、などを語ることができます。

念のために同じことを別の方向から繰り返しますが、自我が人格を持つのであって、人格の中に自我が発生するのではありません。たとえば、私たちは自分が全く別の人格を持つところを想像することができます。小さい頃に、自分が友達のうちの子供だったら、と想像したことがある人もいるでしょう。自分が他所《よそ》の国に生まれていたら、とか、実際とは違う地方で育っていたら、とか、自我である私は、多くの人格を、あたかも衣服のように「試着」することができます。

そして実際に、不思議な理由で多くの人格を持ってしまっている多重人格あるいは解離性同一性障害という症例が多く報告されています。これは一つの自我が、多くの人格をもつという症例ですが、私たちの今の関心から見れば、人格から自我が生じるのではなく、自我が特定の人格を持つことを示す実例だとも言えるでしょう。

また、「今の自分は好きじゃない」とか「新しい自分になろう」という言い方も耳にしますが、この「自分」も「人格」のことであって「自我」のことではありません。人格としての「自分」、つまり「である」存在としての自分は、生きていく上で非常に大切なものではありますが、それを好きになったり嫌いになったりできる対象であって、現にこの人生を生きている主体ではありません。

6　自分と自分以外のものの境界線

では、自我が「私」なのでしょうか。この自我が純粋に「がある」存在を指しているのであれば、そうだと言えるでしょう。しかし、より広い意味で、そして通常の理解では、自我は、「私は〜である」と言うときの「私」が指していると想定している何かのことです。そしてそのような意味であれば、自我は私ではなく、おそらく大脳を中心とした中枢神経が生み出す特定の心理的なパターンです。そしてこういうものなら、超文明の宇宙人であればコピーすることができるでしょう。

生物が生き残るためには、自分の生命を維持するために大切にしないといけない部分と、そうでもない部分を見分けることが必要です。ですから、生命進化のごく初期の段階で、「自分」とそれ以外のものを区別する機能が発達したことでしょう。

私たちにも、そのような機能がもちろん備わっています。それは身体レベルだと、さまざまな自己防御反応として働いていますし、心理的なレベルでも、それは「私」と「私でないもの」を区別して、「私」の方を基本的に守ろうとする傾向として機能しています。このような生体の機能は、人間だけでなくおそらく多くの生物に備わっていて、そのパターンやレベルも様々でしょう。

あるいは別の側面から考えてみると、たとえば精神疾患などなんらかの病気のために、自意識を管理する機能が不調になると、自我についての了解が乱れてしまうことがあるといいます。そのような場合には、たとえば、自分と他者の区別が曖昧になり、自分の心の中で何かを考えているだけなのに、見えない他人の話し声が聞こえると感じたり、あるいは、他人の考えやテレビ電波の内容が、自分の頭の中に流れ込んでくると思ったりするらしいのです。

興味深いのは、このような状況でも、「私」という意識が消滅しないということです。「だれかが私の心の中を見ている」とか「みんなが私の悪口を言っている」というような妄想の形態においても、「私」という理解は存在します。ただ、その境界が、正常な人が感じる境界とずれていたり、不安定だったりするだけです。

つまり、通常の、広い意味での自我は、私たちが求めている「がある」存在としての「私」ではありません。この広義の自我は、おそらく進化の過程で獲得された特定の心理的パターンであり、その意味で、やはり「である」で記述できるようなものだと思われます。

7　自我とΩ

このように、自我には二重の意味があり、通常の広義の意味で言われる自我は、私たちが求めている「がある」存在としての自我ではありません。このため、後者の「がある」存在としての自我を指す記号として、Ω（オメガ）という記号を導入しましょう。

ギリシア語アルファベットの最後の文字で、やや大げさかもしれませんが、本書では重要なので立派な名前を付けておきましょう。Ωとは、自意識のような広義の自我や、「〜である」と語られるさまざまな人格的要素とはちがって、宇宙人がまったく見落としているもの、その宇宙人の超文明をもってしても、どうしてもコピーできないものを指します。

「私」も「あなた」も「太郎」も、みんなこのΩを持っています。いや、間違えました。言い直すと、「私」も「あなた」も「太郎」も、実はみんなそれぞれがΩなのです。そしてそれぞれのΩのもとに、「私」や「あなた」や「太郎」の（広義の）自我や人格が形作られています。

Ωは「がある」存在です。そこには内容やパターンと呼べるものがまったくありません。あらゆる内容やパターンが「である」で表現できることを考えると、それは当然のことです。しかし、内容がないからといって空虚ではありません。それはこの本を読んでいるあなた自身が感じることでしょう。私たち一人一人はΩとして、「がある」存在を内側から生きています。

8　Ωとしての私

Ωは「私」の正体です。「本当の私とは何だろう?」という問いを突き詰めていくと、ここに行き当たります。本当の「私」とは、あらゆる「である」から離れた「がある」存在です。

「私とは何か」という問いは、この点で、やや謎めいた意地悪な問いです。まともに「私は〜である」というかたちで答えようとすると、これまで見てきたように、「それは本当の私ではない」とただちに思われます。そして「では、本当の私とは何か」と問いが進展し、同じことが繰り返されていきます。「本当の」の部分はだんだん強さを増して、この問いを問う人を押しつぶしていきます。

ですから「私とは何か」という問いは、ちょうど電気に自意識が生じて、「おれは何なのか」と問うているようなものです。「あるときには電灯を光らせ、あるときにはヘアドライヤーで風を送り、あるときには炊飯器でふっくらとお米を炊く。しかしおれは電灯でもドライヤーでも炊飯器でもない。いったい、本当のおれはだれなんだ」。このように悩む電気くんに、あなたはどう声をかけますか？

これまで見てきたように、本当の私はΩですから、内容がありません。ですから「私は～である」というかたちでは、そもそも答えられないのです。

ここを勘違いすると、「私とはΩである」という妙な表現に絡め取られてしまいます。ここは細心の注意が必要です。私とは内容のない「がある」存在であり、それを反省的に表現するのが「Ω」です。

Ωとは、原理的に問えないもの、答えられないものを、言語で扱うために仮に導入された記号です。もし「私はΩである」という表現があるとすると、それは、「私は～である」の「私」は、「がある」存在としてあらゆる「である」から離れた存在だ、というかなり複雑なことの簡略表現にすぎません。

9　私は輪廻転生するのだろうか？

もし、「私とはΩである」という表現を、私が、「Ω」という「である」存在であるという意味に誤解すると、「ではどうして、この世界に無数に現在ある、過去にあった、未来にあるであろういろんなΩの中の、よりによってこのΩが私なのか」という倒錯した問いが生まれます。

Ωには内容がないので、自分のΩも太郎のΩも花子のΩもみんな同じに見えてしまいます。みんな一文無しなら、所持金の観点からみんなを区別できないのと同じです。

私も太郎も花子も一文無しなのに、どうしてよりによってこの一文無しが私なのか、という問いは、私が私の一文無しから独立に存在していて、私が一文無しであるならば、私は太郎の一文無しや花子の一文無しでありうるのだ、という（かなり変な）ことを、当然のこととして認めています。

同じように、どうして私は太郎や花子でもありえたのに、よりによってこれが私なのか、という問いは、自分のΩが太郎や花子のΩでありうることを、当然のこととして認めています。

そうなると、今度は「私」というものがさらにΩからも分離します。不思議な「私」が、このΩに宿っている、というかたちで現状を理解します。しかし、Ωは（少なくとも）人の数だけ存在するので、自分以外の星の数ほどあるΩが「私」でない理由が説明できません。

あるいは、別の角度から言うと、私が生まれてくる以前にも、星の数ほどΩがあったし、私の死後も、人類が続くかぎり浜の真砂の数だけΩが存在するだろうに、どうして、それらは「私」でないのか。つまりどうして「私」は今現に生まれているのだろうか？という問いが発生します。

これらの問いに対する、一つの自然な解答方法が、輪廻転生です。私は、Ωに宿る魂のようなものであり、そして、私である魂は、余ったΩがあれば必ずそこに宿るようなものだ、というわけです。ですから、死んでこのΩから離れると、すぐに、空いているΩに宿ることで、いわゆる輪廻転生を果たします。

しかし、(少なくとも今の私の考えでは)これらはすべて、Ωを「である」存在の一種と誤解することから生じています。誤解から生じたものはやはり誤解でしょう。たまたま当たっていることまでは否定しませんが、ちょうどフロイトがしたように、どうして人は輪廻転生を信じるようになるのか、ということについての、一つの説明を与えることができるので、かりに本当に魂があって、輪廻転生をするのだとしても、私はこれまで見てきた筋から、それに同意することはできません。

10 もう一つの誤解

私の正体であるΩを誤解するもう一つの方向は、それにまったく内容がないことから、この世界全体が一つのΩだと考えてしまうことです。これは、私から見るかぎり、哲学史や思想の中でいろんなところに顔を出す誤解ですので、これも注意が必要です。反省的に「私とは何か」と問うていくと、内容のないΩに終着しますが、そのΩを特殊な「である」存在だと誤解すると、世界中がその一つののっぺりしたΩで満たされているような印象を持ってしまいます。

有名なところでは、パルメニデスの「あるものはある、ないものはない」という表現で有名な、世界を覆い尽くす一つだけの「存在者」だとか、サルトルの『嘔吐《おうと》』のモチーフである、あらゆるものがそこに埋没してしまう「存在」などがあります。

そうすると、やはり、私はΩとして世界のあらゆるところにいるのに、たとえば太郎のところにも花子のところにもいるのに、どうしてここにだけいるのだろう、という倒錯した問いが発生して、道に迷ってしまいます。

しかしこれも、「私はΩである」という表現を誤解して、「私」が「Ω」という対象「である」と考えてしまうことに由来すると思います。「私はΩである」という表現は、決して、私の「である」を明らかにしているのではありません。何度も繰り返しますが、「私」には「である」は一つもないのです。その意味ではΩですらありません。だから「『私はΩである』とは『私はΩでない』ということだ」と言えますが、これは、もう少し複雑ですが矛盾していない事態の（ちょっと意地悪な）簡略表現に過ぎません。「私はΩである」とは、「私は何ものでもない」ということです。もし本当の私であるならば、それを「〜である」とは言えない、つまり、もし「〜である」と言えるならば、それは本当の私ではない、ということを意味しています。けっして、私とはのっぺらぼうの存在者だということではありません。

11　世界に一つだけのΩ

Ωは、究極のかたちで自覚された「私」です。幸か不幸か、私たちには、本来「〜である」と言えるような内容がまったくありません。それは寂しいような気もします。しかし、内容がないからと言って、たんなる白紙のようにまったくの空っぽというわけではありません。逆に、あらゆる内容となり、その内容を動かし、活かし、働かせているという意味で、Ωとしての私はこの上なく豊かで、まさにエネルギーにあふれたものだとも言えます。

Ωの中に現れて動いている内容とは、本書で広い意味で言っている、クオリアです。私たちはΩとして、Ωを内側から生きています。今、目を開けば何が見えるでしょうか、耳を澄ませば何が聞こえるでしょうか。私たち一人一人はクオリアに満ちあふれています。Ωは、クオリアに満ちています。

そして、その満ちあふれ方は、一人一人みんな違います。私たち一人一人が生まれてきて今までに体験してきた、そして今まさに体験しつつある、そして今後も命あるかぎり体験するであろうクオリアの世界は、一人一人にかけがえのない、そのひとだけのものです。

しかし、ここにも落とし穴があります。私たち一人一人がもつクオリアの世界、言い換えれば、私たちそれぞれの意識経験の総体は、たしかに、事実上、世界に一つだけのものでしょう。しかし、超文明の宇宙人はこれをコピーすることができたことを思い出しましょう。そう。どんなに独自であったとしても、それは内容であり、「である」存在です。私たちの本来の姿である「がある」存在とは違います。

各々のΩが世界に一つだけであるということは、比べてみて、内容の面から判定されるものではありません。だって、本当はみんな一文無し、つまり内容がまったくないのですから。「内容がまったくないから、このΩはあのΩでもありうる」というのは、太郎も花子も一文無しだから、太郎も花子もいっしょだ、というのと同じです。

私たちは、まったく一文無しの無内容のΩでありつつ、それぞれが、かけがえのない世界にただ一つだけのものです。私たちは一人一人がみんなそれぞれ違ったΩです。しかし、それはどうしてでしょうか。どうして、私たちはこんな不思議なΩでありえているのでしょうか。

話をずっと巻き戻すと、中世のスコラ哲学者であるトマス・アクィナスはそこを考えました。そして、「がある」存在には原因が必要であること、そしてその第一原因は、自己原因という理解不可能なものではなく、それ自体が「がある」存在であるもの、「がある」存在それ自体でなければならないと考えました。トマスにとって、それが「神」と呼ばれているものの正体でした。

第六章　神と世界

1　大いなる矛盾?

トマス・アクィナスは、神が「がある」存在の第一原因だと考えました。神以外のものは、それぞれの「である」存在の限定のもとで「がある」存在というかたちで存在しています。いわば、神が無限の「がある」存在であるのに対して、神以外のもの、すなわち世界は、有限の「がある」存在です。

それでは、これで話は終わりでしょうか。神という無限な存在者と、世界という有限な存在者があり、神が世界を創り出したという、まことにキリスト教的な世界観が最後に出てきて、本書の話は無事に終わるのでしょうか。

そんなことはありません。言ってみれば、話はこれからです。ようやく、スタートラインに立てたと言ってもいいでしょう。ある意味で宗教を越えた、西洋哲学の出発地点は、この次の段階にあります。

ここで問うべきなのは次の問題です。「なぜ、無限の神がいるのに、神以外のものがあるのか」。なぜ、神が無限の「がある」存在として存在しているのに、それ以外の有限の「がある」存在が存在していたりするのでしょうか。

もし、無限の大きさの火の玉があれば、すべての空間はその火の玉に埋め尽くされているのであって、無限の火の玉と有限な火の玉が並んでいたりはしないでしょう。逆に、もしどこかにポツンと有限な火の玉があったりすれば、それはその「無限の」火の玉が本当は無限でないことを意味するでしょう。だってその有限な火の玉のところには、無限の火の玉が及んでないのですから。

同じように、数直線上に無限の数があるとき、その無限の数はその数直線を覆い尽くすのであり、すべての数は、その無限の数の一部です。その無限の数から離れた別のところに、ポツンと違う数があったりはしません。

本当に無限である火の玉は、それ以外の有限な火の玉と一緒に存在できないと思う人は、次のように考えるでしょう。「もし、有限な火の玉に見えるものがあるとすれば、それはじつは、無限の火の玉の部分なのであって、いわば、有限な大きさの窓から見られた無限の火の玉が、あたかも有限な大きさに見えて
いるだけなのだ」。これはちょうど、円周率は無限に続く数ですが、3・14という部分だけが切り取られて使われるときには、あたかもそれが有限な数であるかのように見えるのに似ています。

2　汎神論という大胆な答え方

これを神と世界に当てはめると、世界は、有限な部分として見られた神だということになり、そしてそれぞれの「私」は、それぞれにとって有限な窓から見られた神そのものだということになります。このような思想を汎神論と言います。汎神論にはスピノザが構築したすばらしい体系がありますが、本書でその細部に立ち入ることはできません。ここでは本書の思考の道筋に関係する部分だけを切り取って、少しだけその様子を見ておきましょう。

いま述べたように、スピノザの思想は、よく「汎神論」と呼ばれます。汎神論とは「すべてが神であるという思想」という意味であり、さっきの火の玉のたとえでなんと

なくイメージはできると思いますが、注意しないといけないことがあります。

たとえば、目の前にあるいろんなもの、ペンや消しゴムやコーヒーカップやスマホなど、およそこの世界の中に存在するありとあらゆるものが神だという主張も、「すべてが神であるという思想」でしょう。しかしこうなると、当然、私もあなたもあの人も、およそこの世界の中にいるすべての人は神だということになって、なんだかごちゃごちゃしてしまいます。

と言うよりも、そういう世界では、そもそも「～は神である」という主張はわかりきったことなので、「すべては神である」という主張自体が、ほとんど意味がないことになるでしょう。今だって、「すべてのものは宇宙の中にある」という意味で、すべてのものは宇宙の一部ですが、「～は宇宙の一部である」ということをことさらに言ってもしかたがありません。間違いではないですが、言わなくても済むことです。少なくともスピノザが考えていることは、そういう意味での汎神論ではありません。

スピノザの言う汎神論は、「この世界の中にある一つ一つのものがすべて神だ」という主張ではありません。方向が逆です。つまりそれは「本当の意味で存在するのは神だけであって、この世界の中に存在しているように見えているすべてのものは、実は神の何らかの側面なのだ」という主張です。乱暴に言うと、この世界を神に格上げするのではなくて、神をこの世界に格下げするわけです。

格下げと言うと、なんだか悪口を言っているようですが、よく考えると逆であることが分かります。実力のない大関を横綱に格上げすることは横綱という地位を汚すことです。逆に、実力のない横綱を大関に格下げすることは、横綱という地位の値打ちを守ることを意味します。スピノザは神をこの世界に格下げすることで、この世界が現に存在しているという事実の本当の凄《すご》みを表現しようとしたのかもしれません。

「この世界の中にある一つ一つのものがすべて神だ」という主張は、まず、この世界の中にいろんなものが存在していることを認めた上で、それらが神だと言っています。しかしそれだとなんだか仏教にもありそうですし、八百万《やおよろず》の神みたいなのも含まれるかもしれません。すべてのものは仏性をもっているとか、あらゆるものには神さまが宿っているとかと言いますよね。

また、スピノザの言葉として「神即自然」というのが有名ですが、これも、なんとなく東洋的な、山川草木悉皆成仏《さんせんそうもくしっかいじょうぶつ》とか、そういうのと通じるような思想に見えて誤解を招きます。「神即自然」とは、自然は神であり、自然の中に神がいる、というようなアニミズムとは違います。

スピノザが考えたことはこの逆です。先ほどの火の玉の例を思い出してください。無限の火の玉は、無限なのですから、そのような火の玉がもし存在すれば、それ以外のものは存在できません。もし無限の神が存在すれば、神以外のものは存在できません。

そして、この（一見すると）明らかな結論を、スピノザは死守します。「神以外のものは存在できない、ピリオド」というわけです。

でも、それだともう言うことがなくなってしまいます。スピノザが『エチカ』というかなり大部の書物を書いたのは、神以外のものは存在しないのに、どうしてこの複雑な世界が成り立っているのかということ、そして、そのような世界の中で、私たちはどのように生きていくべきなのかということを論じるためです。『エチカ』は「倫理学」という意味ですが、その名にふさわしく、スピノザは、人間の複雑な感情の分析や、人情の機微に基づく人付き合いのしかたなど、実に多くのことをその中で語っています。

3　体と心は同じもの

スピノザの思想が哲学史から見て興味深いのは、心身平行説と、自由の否定です。少し専門的になるので、この節は軽く読み飛ばしてもいいですが、興味を持つ人のために簡単に説明します。

デカルトが心身二元論、つまり、人間は心と身体という二つの実体が結びついてできていると考えたとき、すぐに問題になったのは、どうして心と身体が互いに作用し合うことができるのか、ということでした。心は、デカルトの有名な言葉では「思惟《しい》する・考える」(コギト)[(1)]ことを本質とする実体であり、また身体は、それとは別に「延長」(三次元の広がり)を本質とする実体です。このようにまったく異なる実体が、どうして相互に関係できるのか、という問題に対して、デカルトは十分に答えられませんでした。

(1)「コギト」とはラテン語で「私は考える」という意味の動詞です。有名な「コギト・エルゴ・スム」は「私は考える。ゆえに、私は存在する」という意味で、デカルトはこれを絶対確実な原理として学問的知識の基盤に据えました。

いや、当時としては非常に鋭い答え方をした、と言った方がいいかもしれません。デカルトは、心と身体が相互作用を行うのは、松果腺という、脳の奥にある小さな部分を通してだと考えました。残念ながら、松果腺がそういうものでないことは、現代の科学が明らかにしつつあることですが、しかし、もしも身体とは別に魂があるとしても、私たちは脳を無視するべきではないでしょう。脳とは、心（魂）が身体に働きかけ、また身体からの情報を吸収するための媒介だ、というデカルトの発想それ自体は、現代でも大きな意義があるのではないかと思います。

それはともかく、心と身体という異なる実体が、どのようにして相互に関係しうるか、という問題は、心身問題という西洋哲学の一つの大きな領域を形作っていて、それは現在でも同じです。スピノザの面白さは、そこにユニークな解法を提示したことにあります。

スピノザでは、「心と身体という異なる実体がどのようにして関係し合うか」という問題は生じません。どうしてかというと、思い出してください、スピノザは神という一つの実体しか認めないからです。つまりスピノザは、心と身体は二つの実体ではなく、神という一つの実体の二つの側面（「属性」と呼びます）だと考えます。

ですから、心と身体は、相互に影響を与え合っているのではなく、もともと一つのものが二つの見え方をしているだけということになります。なかなか理解しにくいと思いますが、『エチカ』を読んでいると、だんだんそうとしか思えなくなってくるのが不思議です。

イメージをつかんでもらうために、乱暴な比喩を使いましょう。世界が、地水火風の四元素でできているとします。エンペドクレスのような古代ギリシアの哲学者であれば、それらが混じり合うことで万物が生成すると言いますが、ここではそのスピノザ版を考えましょう。

つまり、世界すなわち神はただ一つの実体であり、その無限の側面のうち四つの側面が人間に知られ、それがそれぞれ地と水と火と風だとします。先ほどの火の玉の例は、世界を火の側面から見たときの描写です。無限に巨大な火の玉とその変状、それが火の側面から見られた世界です。しかし、世界は別の側面からも見ることができて、たとえば風（空気）の側面から見ると、世界は巨大な無限の空間とその変状として見られます。

同じように、水の側面から見られた世界は波動が絡み合う無限の流動体とその変状であり、地の側面から見られた世界は粒子が相互作用する無限の固体とその変状に見えます。しかしこれらは、一つの実体の四つの側面ですので、ある箇所で「火が渦巻いている」と表現されたことは、そこで「水が対流している」「風が旋回している」「粒子が衝突している」と表現されたこととまったく同じ事実を指しています。一つの事実が四つの側面にそれぞれ表現されているわけです。

さて、このとき水を「物質」、風を「精神」と名付けてみましょう。そうすると、あたかも世界は物質と精神からできていて、物質世界のさまざまなことを精神が捉え、物質世界が精神世界に反映しているように見えます。しかし実際には、物質と精神は、同じ一つの世界の二つの側面なので、そこに相互作用はなく、したがって反映しているわけではありません。

スピノザに戻りましょう。世界には神だけが存在し、その無限の属性のうち人間に知られる二つの属性が心と身体です。心の中で思うことは、神の精神的な属性（「観念」と言います）の一部であり、またその同じ部分が身体、つまり物質の世界（「延長」と言います）にも生じています。フライパンでスクランブルエッグを作るために菜箸をぐるぐる回そうと思って、菜箸をぐるぐる回すときに生じていることも同じです。神のある側面が、心には「菜箸をぐるぐる回す」というかたちで現れ、物質の世界には「菜箸がぐるぐる回る」というかたちで生じています。心が身体を動かしているのでも、身体が心に影響しているのでもなく、同じものが二つの現れ方をしているだけです。

　ここから帰結する重大で興味深い結論は、人間の意志に自由はないということです。多少中間ステップを省略しないといけませんが、神は無限の実体ですので、人間のように毎日忙しく動くわけではありません。そもそも無限なので、動いていく余地がありません。神はすべてが決定された状態で、安定の極みにあります。

　ですから、人間の目から見ると偶然に起こることも、実は神の一部としてすでに決定されたとおりに起こっています。その意味で、世界の中に偶然はありません。すべては決定されています。そして、心も神の側面であるならば、心の中に起こることもすべて決定されたとおりに起こっているのであって、そこに偶然や自由はありません。自由だと感じるのは、その時々の人間に明らかになっている範囲から見ると、そう見えるというだけのことです。

このようにして、スピノザの世界からは、いったん、偶然や自由や、さらには善悪や美醜のようなものがすべて取り除かれてしまいます。

先ほども言いましたが、スピノザの『エチカ』には、人々の感情や社会生活や生活の理想など、さまざまな人間くさいことが多く語られています。ですから、スピノザが自由や善悪をあらゆる意味において否定して、それらに無関心だったわけではありません。むしろスピノザの関心は、本来、自由や善悪や美醜がないこの世界なのに、どうして人間はさまざまな感情や人付き合いの悩みに苦しめられてしまうのかということ、そして、それらから離れるためにはどうすればいいかということでした。

もちろんその答えは、この世界には神しか存在しえないこと、そしてすべてのことは神の必然のもとに起こっていることを「永遠の相のもとに」観照する、ということになります。

4 「知る」ということ

トマス・アクィナスはキリスト教の思想家として汎神論に反対します。彼はこの道を行かず、世界が神の部分だとは考えません。世界は神と決定的に違う何かだと考えます。ですから、先ほどの問いの威力を正面からまともに食らいます。どうして無限の火の玉があるのに、その外に有限な火の玉があったりできるのか。どうして、無限の「がある」存在から、それ以外の有限な「がある」存在が出てきたりするのでしょうか。

前に、クオリアは外界から受け取られず、私たちの内側から発生することを確認しました。そして私たちは、一人一人が自己をΩというかたちで自覚する「がある」存在であることも確認しました。そしてトマスの神は、「がある」存在の第一原因、「がある」存在の塊、「がある」存在それ自体です。トマスはそれを「自存する存在それ自体」と表現します。

汎神論を採らないとき、私たちは神の内側を直接的に覗《のぞ》き見ることはできませんが、それでも類推することはできます。私たちのΩがクオリアで満ちあふれているのならば、おそらく神の内部も、空っぽではなく、光の洪水のようなものでもなく、私たちのクオリアに対応する何かで満ちあふれていると考えられないでしょうか。

しかしこのような類推を簡単に受け入れるわけにはいけません。なぜなら、下手をすると、このような考え方は無限者である神の中に、有限な部分をたくさん持ち込むような考えになってしまいます。いってみれば、それ自体完璧で完全な神の中に、神と比べるとガラクタに等しいものをたくさん持ち込もうとするようなものです。そうすると、やはり先の問いが威力を発揮して、そのような有限な部分をすべて飲み込んでしまいます。

この問題に対するトマス・アクィナスのアプローチの核心は「認識」、つまり「知る」ということにあるのではないか、と私は考えています。「知る」とはどういうことか、という問いは、哲学にとって古い問いであり、認識論という大きな分野を形成しています。そこでは、人間の知る力の仕組みであるとか、それに基づいて、知る働きの限界がどこにあるかとか、あるいはその力を乱用するとどういう混乱が生じるか、とかいったことが論じられてきました。

最近では、「知る」ということを様々に分析して、そこにある要素、とくに認識的な正当化と呼ばれる部分に着目した研究が盛んなところもあります。

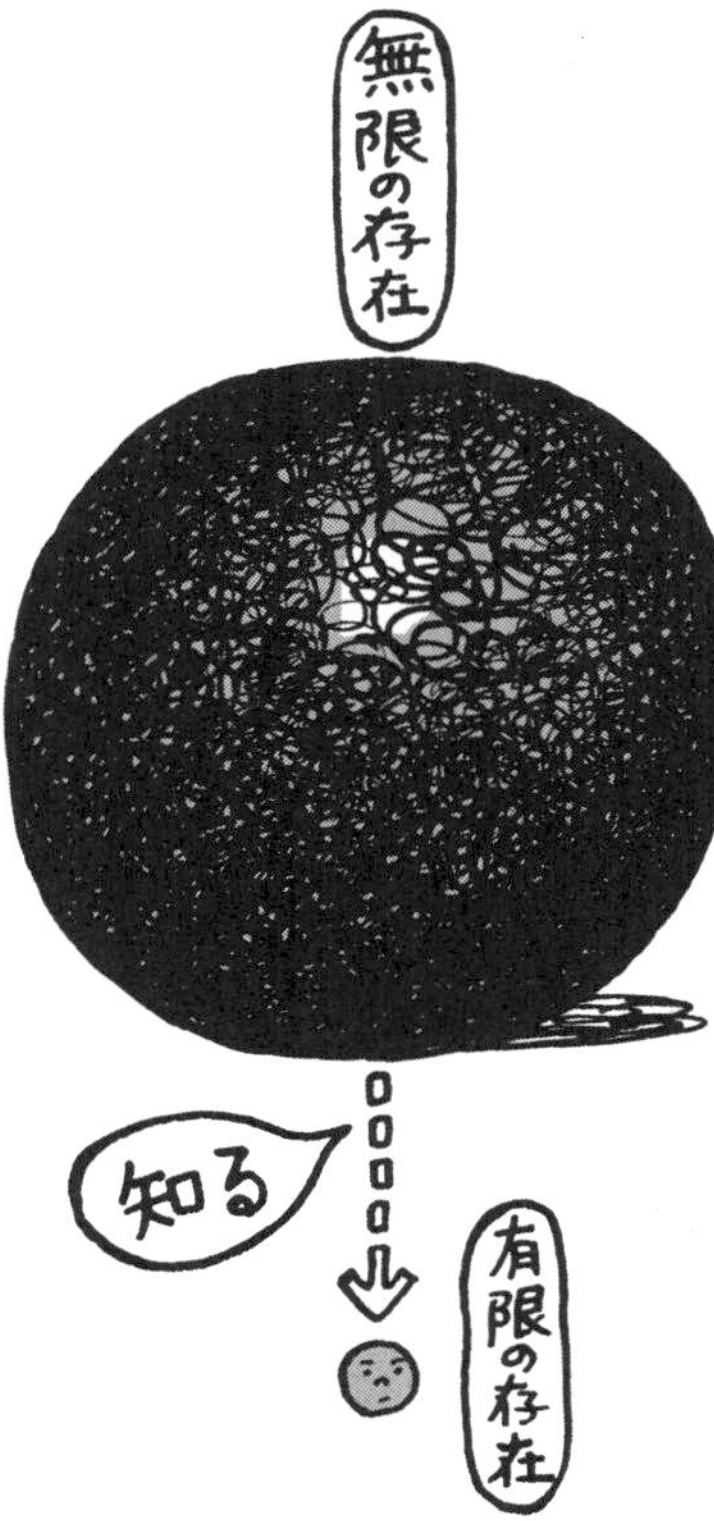
無限の存在
知る
有限の存在

しかしトマス・アクィナスにとって、「知る」ということは、もっとずっと根本的で、この世界の成り立ちにかかわる大切なこと、すなわち、どうして神だけでなく神以外のものが存在しているのかという問題に迫る鍵として意識されていました。刺激的な表現をすれば、トマスにおいて認識論は、存在論と別の哲学の分野ではなく、むしろ存在論の重要な一部だったのです。

トマスは、「知る」とは、「自分だけでなく、他者の形相ももつことができる」力だと言います(2)。「形相」は、プラトンのイデアに遡り、アリストテレスでは四原因の一つとなり、その後の西洋思想を深く支配した思想ですが、ここではざっくりと、「ものの形」「ものの本質」のことだと理解しておいてください。設計図や情報、あるいはソフトウエアのようなものと考えても大丈夫です。

私たちのクオリアが、少なくとも覚醒時は、外界の刺激に連動して動いているとすると、ここで言う形相は、そのようなクオリアが表現している外界の姿と理解できます。少なくともトマスにおいて、クオリアはまだ十分に意識されていませんでしたので、実在する対象の性質である形相と、それに対応する意識の中のクオリアとが、混同されることはあったでしょう。

「がある」存在をもって存在しているものはすべて、それ自身についての情報を表現しています。石ころは、それぞれ、玄武岩や花崗岩《かこうがん》などの特定の種類の鉱物として存在しています。しかし、玄武岩は玄武岩であるしかなく、花崗岩は花崗岩であるしかありません。

しかし「知る」力があるものは、そのような自分自身の情報だけでなく、自分以外のものの情報も持つことができます。私たち人間は岩石ではないですが、玄武岩や花崗岩、その他さまざまな岩石がどのようなものであるかを知っています。もしも玄武岩に意識が芽生え、「知る」力を得たとしたら、その玄武岩生命体は、花崗岩についての情報を精神の中に保持することができるかもしれません。

このように、「知る」とは、自分自身以外のものの情報を保持することができる力なのです。そしてここに、神の他に、神以外のもの、つまり世界がありうることの根拠が

（2）『神学大全』第一部第一四問第一項主文。

あります。

5　あるのでもないのでもないもの

無限の「がある」存在である神は、「無限の『がある』存在」という自分の姿だけでなく、それ以外のものの情報を保持しています。そしてそれは、「無限の『がある』存在」が取りうるあらゆる変容の可能性についての情報です。

それは情報ですから、「がある」存在ではありません。むしろそれらは「である」です。その意味では、無限の「がある」存在の中には、その無限の内容が「である」に展開されてできた、無限に豊かな情報がぎっしりと詰まっているとも言えるでしょう。

ところで、この情報、つまり「がある」が取りうるあらゆる変容は、神の部分ではないことに注意しましょう。もしそうなら神の中に無数のガラクタが詰まっていることになり、悪い意味での汎神論になります。そうではなく、それらは神の知の対象です。

ここは注意深く考えなければなりません。神の中には多くの情報がぎっしりと詰まっています。しかしそれらの情報は、神の部分として神の中にあるのではなく、神の知の対象として神の中にあります。神の知の対象として、というのは、神がそれを知っているというかたちで、という意味です。しかしこの二つはどう違うのでしょうか。

何かが神の部分として神の中にあるとき、それは当然、神の部分というかたちでそれ自体が存在しています。私たちの言葉では、何らかの「である」として、つまり「〜である」という限定のもとに「がある」存在を持っています。しかし、何かが知の対象として神の中にあるとき、それはその意味では存在していません。つまり「がある」存在を持っていません。

では、知の対象はどこにあるのでしょうか。「がある」存在を持たないのですから、どこにもないと言うしかありません。いや、正確には、「ある」とか「ない」とかと言えないものです。あえて逆説的な言い方をするならば、「である」は、「ある」と「ない」とに関係しないところにあります。

そして、この「あるのでもないのでもないもの」のお陰で、神以外の有限な世界が成り立ちます。

プラトンのイデア論は、そこに気付いた非常に古い例でしょう。イデア界はこの世界とはちがうところにあると言われますが、この世界とは「ある」と「ない」でできた世界のことでしょう。つまりやはり、イデアもまた「あるのでもないのでもないもの」なのです[3]。

6　もう一度クオリアの話

私たちは、Ωとして「がある」存在を内側から生きています。「がある」存在を内側から見た世界が、今、目の前に見えている世界です（みなさんには何が見えていますか?）。そうすると、以前に問題になったクオリアや意識経験というものは、内側から見た「がある」存在だということになります。ただし、「見る」と言っても目で見るのではなく（Ωには目がありません）、夢を見るときの「見る」に似た意味です。

赤い感じのようなクオリアは、意識の中に内側から生まれたものであって、外界の性質が意識の中へ入ってきたものではない、ということは、前の章でしつこいくらい確認しました。すると、私たちの目の前に展開しているものがクオリアや意識経験だとすると、当然、そのようなものは、外界が意識の中に入ってきたものではありません。それらはすべて主体としての私たちの中から生まれたものです。

そして、主体としての私たちが「がある」存在でありΩであるとすると、クオリアや意識経験はすべて、「がある」存在やΩから生まれたものです。

しかし、それは夢や幻覚といった私たちを欺くものではなく、外界の様子を私たちに伝えるきわめて信頼性の高い経験ですから、私たちが自分勝手に生み出したものではなく、感覚を通して外界からの入力を受け取り、それに即応して生まれてきたものでしょう。

見えている世界を経験やクオリアとして理解するとき、それらは、いわば、Ωとして「がある」存在を生きている私たち自身が、内側から眺めた私たち自身の姿です。

こう考えると、私たちのクオリアの謎は、なぜ神以外のものがあるのかという問題と、奇妙なかたちで共鳴しているように思えます。無限の神以外にこの世界があるのは、神

(3) ただし、イデア論という哲学史上の大問題に対してこのような断言をするべきではないでしょう。ここは、少なくとも現在の私の理解では、そして本書の視点からはそう見える、という意味です。

の中に認識なるものが生まれるからだと考えられます。「あるのでもないのでもないもの」が、「がある」存在から生まれてくることが、神以外のものが生まれるためにどうしても必要なことでした。

同じように、目の前のものを経験やクオリアとして考えることは、それらを「あるのでもないのでもないもの」として見ているのです。もちろん、日常生活ではクオリアのことは忘れています。そんなことを考えている暇はありません。そのようなときは、目の前のものを、それぞれ実在するものとして見ています。目の前にあるのは「あるのでもないのでもないもの」としての赤のクオリアではなく、赤い花そのもの「がある」のです。

クオリアの謎を解く鍵の一つは、クオリアの存在論的な身分を明らかにすることでしょう。クオリアは、世界を認識という側面から見たときに現れる「あるのでもないのでもないもの」です。だから、それがどこにあるのか、どのようにして成立するのか、それはいったい何なのか、という問いはすべて的外れです。これらの問いはすべて、クオリアが何らかの実在、つまり「がある」存在をもつものだと考えることから出てきます。

おそらく、このことに気付くことは、哲学に興味を抱く一つのきっかけになります。「あるのでもないのでもないもの」などという、ヘンテコなものがどうして考えられないといけないのか。そして、それを考えないといけないことに気付いたとき、この世界が、一つの単純な時間と空間の中を淡々と流れるものではなく、複数の何かが交差する複雑な構造の中にあることに気付きます。

7　Ωの逆襲

クオリアの謎は、じつはもう一つの大きな謎と表裏一体です。それは、だれ（なに）がクオリアを感じているのか、という問題です。私たちはこれまで、主に、赤い感じのような、いわば対象の側に想定されるクオリアを考えてきましたが、よくよく考えてみると、クオリアだけでは話が半分しか進みません。いったいだれがその赤い感じを感じているのでしょうか。

哲学的な言葉を使うと、クオリアを感じる主体はどのように構成され、どうやってクオリアを感じたりできるのでしょうか。

この問題は、クオリアとは何かという問題の裏返しです。クオリアは、感じられないと始まりませんよね。そもそも、クオリアは、外界に即応して情報を伝えるという能動的な役割を担う一方で、主体によって感じられているという受動的なものでもあります。

逆に主体は、情報を受け取るという受動的なものであると同時に、クオリアを現に感じられるものにするという能動的な側面もあります。いわば主体は、クオリアの裏返しです。クオリアの正体がわからなければ、主体の正体もわかりません。

しかし主体について、私たちはすでにその答えの手がかりをもっています。そう。それは、「がある」存在であり、少なくとも自覚的に反省されたときにはΩです。宇宙人が決して理解しない、一人一人のかけがえのなさの根本にある、しかし、どんな具体的な性質でもない、無内容のものでありながら、すべてのクオリアを活《い》かし動かしているものです。

ですからΩは、決して、たんに無内容な、クオリアが現れる場所のようなものではありません。それは目の前にある赤い花の赤いクオリアを現に感じています。いや、感じるとともに感じさせている、と言えばいいでしょうか。場所でありながら、そこに現れるものを活性化し、感じるもの。Ωにおいては、感じることと感じさせること、あるいは、感じさせられることと感じられることとが一体となっています。Ωとは、主体とクオリアがともに活性化するところのようです。

だとすると、クオリアは、この裏返しだと考えられます。Ωを構成する方法がわかれば、その裏返しとしてクオリアの正体もわかるでしょう。しかし、この問題は、アンドロイドにどのようにして意識を持たせたらいいか、という問題と同じです。あるいは、「がある」存在はどのようにして構成されるかという問題でもあります。これは主体というものをどうやったら組み立てられるかという問題でもあり、そこには第一章で出てきた自由の問題も絡んでいます。主体とは何かがわからないかぎり、意志の自由があるかどうかという問題を問うことはできませんからね。

これらはすべて、人類が手がかりすらつかめていない問題です。いや、言いすぎました。少なくとも近代科学を含む標準的な西洋思想の枠組みではどうしても手が出そうにない問題です。だれか天才が現れて、私が死ぬ前に答えを教えてくれないかな、と冗談ではなく思っています。

第七章　信じるということ

これまで、神と神さまの違いから始まって、西洋の神さまの背後にある神、つまり西洋哲学が取り組んできた神について、さまざまな側面から見てきました。

それは「〜である」という本質や特性と言われているものではなく、「〜がある」という根源的な事実と関係があること、そして、その具体的な内実は、私たち自身の魂の中に（Ωの中に）探っていくことができることが、ここまでの本書の中心線でした。

しかし、トマス・アクィナスは『神学大全』のはじめの方でこう言っています。「それ自体は論証可能で知られうる事柄を、その論証を理解しない人が、信仰の対象として受け入れることがあっても、一向にかまわない」。

本書でも、ここまで、西洋哲学の中にある神という思想を、私の観点からではありますが、できるだけかみ砕いて説明してきたつもりですが、それでも、やはり理解するのが難しい点もいくつかあると思いますし、とくにこのような話題に最初に触れた人にとっては、何度も読み返さないといけない部分がきっとあると思います。

では、そのような人は、神について、そして神さまについて、まったく無縁となってしまうのでしょうか。そうではない、とこの箇所のトマスは言っています。そういう人には、「信じる」という選択肢が残されている、と。

そこでこの最後の章では、少し視点を変えて、何かを信じるということについて考えてみましょう。宗教で「信じる」と言えば、それは「信仰」と呼ばれて、信仰と聞くといきなり体が硬くなってしまう人がいるかもしれませんが、今はもう少し力を抜いて、日常生活も含めて広い意味で使われる「信じる」ということから始めましょう。

私たちは、言うまでもなく、いろんなことを信じて生きています。だって、一人の人間が本当にわかっていることなんかたかが知れています。むしろ自分で本当に確かめて、はっきりと知っていることの方が少ないと言ってもいいでしょう。

たとえば、今あなたがこの本を読んでいる建物は、たぶん耐震基準を満たしているでしょうね。けれども、あなたはそれを自分で確かめましたか？　おそらく、ほとんどの人は、せいぜいだれかに「この建物は耐震基準を満たしていますか？」と尋ねて、「はい、安心してくださいい、満たしていますよ」と答えてもらった経験がある、という程度のことでしょう。

あるいはそこまですら確かめてなくて、「この建物は違法建築ではないだろうから、これが建っているということは、耐震基準を満たしているだろう」というようにぼんやりと感じている場合がほとんどでしょう。

この程度のことで、耐震基準を満たしていることを知っていると胸を張るのであれば、それは、知っていると言うよりもただ信じているのだと言いたくなります。

しかし考えてみると、私たちの日常生活は、ほぼすべて、この程度の「知識」によって成り立っているとも言えます。スーパーに行って今夜の肉を買う。これは国産でこれはアメリカ産だ。こっちはオージーか。今日はオージーが安いからこれを買って焼こう。こういう思考の中に、自分で確かめたものはほとんどありません。それなのに、「私は昨日オージービーフを食べた」ということが、知識となって蓄積され、利用され、伝播されて社会の中に広がっていきます。

このような方向から考えると、私たちの社会は、知識によって成り立っていると言うよりは、信じ合うことによって成り立っているのではないかと思えてきます。ですから、何かを自分で確かめて証拠を握ることはたしかに大切ですが、それ以上に、それをだれかに伝えること、そして伝えられた情報を信じること、伝えた人を信頼することが、私たちの社会を少なくとも部分的に支えていると言えるでしょう。

では、このような「信じること」や「信頼」ということと、宗教の信仰とはどのように関係するのでしょうか。もし、信じることが私たちの社会を支える一つの側面だとすると、信仰は、その特殊な一部なのでしょうか。そうすると、宗教は、信仰というかたちで私たちの社会の少なくとも一部を支えているのでしょうか。

1　証拠がないものを信じてはいけない

ではまず、信仰を悪い方から考えてみましょう。信仰はどのような点で批判される側面を持つでしょうか。そしてその批判は正当でしょうか。

信仰を批判する代表的な立場は、証拠を大切にする立場です。私たちは何かを主張するとき、できるだけたしかな証拠に基づいてそれを主張すべきだ、という考え方には説得力があります。

この説得力は、この決まりを守らないとどうなるかを考えるとよくわかります。証拠がないことを主張するならば、それは嘘《うそ》をついているのに近いのです。自分でよくわかって納得していないことを、あたかも知っているかのように堂々と発言することは、人間として、してはいけないことです。

しかし、たまにそういう人がいて、そういう人の発言は、たまたま当たることもあります。そしてその場合には、何かすごい人に見えるのですが、要するにそれは偶然です。その人は日常生活の発言というフィールドで博打《ばくち》を打っているようなものです。周囲は迷惑するので、こういう人はほら吹きと呼ばれて警戒されます。

自分が納得できる証拠があるものを知っていることとみなして発言し、そうでないならば発言を控える、というのは社会生活のルールだとも言えます。あるいは、完全に納得できる証拠とは言えなくても、八割方納得ができて、残り二割は疑問の余地がある、という場合もあるでしょう。そういう場合にも、その割合を意識して、八割方の同意をして、二割はそうでなかったときに備えておく、というのが、世間の常識というものでしょう。
そうすると、世間の常識は次のことを教えていると言えます。「同意の程度と証拠の程度を比例させなさい」。証拠がたっぷりあるときはそれに同意し、逆に証拠があまりないときにはそれに同意しないようにしましょう、というわけです。ほら吹きは、この規則に反しているので嫌がられます。

証拠を無視することを極端に嫌うのは学問の世界です。証拠がないことを論文に書いたりすると、それは捏造《ねつぞう》と呼ばれて厳しく批判されます。どんな学問も、多かれ少なかれ共同作業の積み重ねという部分がありますから、だれかがそのような捏造を行うと、それに基づいて行われたその後のすべての研究が、基礎を失ってしまいます。文字通り、土台が崩れてしまうので、学界全体に対して大きな損害を与えることになります。証拠を冷静に平等に客観的に評価する力は、学問に携わる人が必ず身につけないといけない技量の一つです。

では、「神さまがいる。神さまは全部ご存じだ。死んだら魂は神さまに裁かれて、天国に行ったり地獄に行ったりするのだ」と言う人はどうでしょうか。今見た世間の常識が正しいなら、こういう人はほら吹きの一種です。いくら立派な衣装を着て荘厳な建物の中のキラキラしたものに囲まれてしゃべっているとしても、証拠が十分にあるとは言えないことを、堂々と人前で話しているという点で、ほら吹きと呼ぶべきでしょう。

しかしここで読者の皆さんは不思議な感覚に襲われていると思います。それは言いすぎじゃないのか、と。そんな、お坊さんや神父さんをほら吹き呼ばわりして、バチが当たるぞ、と。

おそらくその感覚は、小さい頃から身についた、権威に対する畏れの感覚、あるいは力あるものへの警戒心、あるいはまた、人の悪口は言ってはいけませんという最低限の倫理意識から来ている部分が大きいと思います。では、それがすべてでしょうか。

2　信仰はバクチだ

宗教の信仰は、嘘を本当だと信じているのと同じなのでしょうか。もし、そうでないなら、信仰には独自の価値があると思われます。それはどのような価値なのでしょうか。

伝統的で根強い考え方の一つに、信仰することは有益だという考え方があります。信仰する方が、長い目で見て得をするというわけです。

この場合、長い目で見て、というのがこの世界に限定される場合と、死後の来世も含める場合に分かれます。現世の場合には、これはよく見られることであって、たとえば初詣に行くのは多かれ少なかれこのタイプでしょう。つまり、時間と労力と多少のお金を使ってお参りする方が、そうしないよりも、自分の人生にとって有益だと考えるから、人は初詣に行くのでしょう。あるいは逆の発想で、初詣に行かないことによって、何らかの不利益を被ることを避けたい、という気分が多少は入るかもしれません。

来世も含める場合は、話が多少複雑になりますが、基本は同じです。信仰することによって、来世も含めた長い人生の中で、最終的には自分や自分の家族や一族の利益になると考えるから、せっせとお布施に励むのです。

このタイプの考え方で有名なものに、「パスカルの賭け」と呼ばれるものがあります。パスカルは『パンセ』で有名なフランスの哲学者ですが、数学者としても優れていて、この考え方を確率論の発想を用いて、やや過剰と思えるほどに明快に論じています。

それをかいつまんで言うと次のようになります。まず、有限な人間に無限な神の存在を証明することはできないと諦めます。だから、神を信じることは、一種の賭けです。神さまがいると信じることは、神さまがいる方に賭けることであり、そうしないのは、神さまがいないことに賭けることなのだ、とパスカルは考えます。

また、神を信じていない人は、たとえ自分でそう思っていなくても、「神を信じない」という選択をしたのだと考えます。これは少し納得がいかないかもしれません。そもそも神について考えたことがない人もいるでしょう。そういう人についても、神を信じていない方に賭けているのだと言うことは、少し違うように思います。しかしパスカルは、神を信じるかどうかは、ちょうどやって来た電車に乗るかどうかの決断と同じで、乗るという決断をしなければ、電車はあなたを置いて行ってしまう、信じるという決断をしなければ、神はあなたを見捨てるのだと考えているようです。

ここまではいいでしょう。そう言われてみればそうだという気もします。しかしパスカルが本領を発揮するのはここからです。彼はさらに言います。そうすると、どちらに賭ける方が得になるかを考えて、有利な方に賭けるべきだ。

このとき、いくつかのことが暗黙のうちに前提とされます。まず、神を信じる方に賭けて、その賭に勝った場合、つまり、神がいた場合、天国に行けます。永遠の生命を得ると言われたりしますが、ともかく、無限の幸福が手に入ります。逆に負けた場合、つまり、神がいる方に賭けて、そうではなかった場合、とくに何も起こりません。死んだらすべて終わり、はいさようなら、というわけです。

この時点で、パスカルは、ほとんど何も失うものがないのに、無限の幸福が手に入る可能性を捨てることは不合理だと考えます。たしかに、当たれば数億円が手に入る宝くじが、無料で配布されていたら、それを受け取らないという選択は、少し不合理かもしれませんね。

また、パスカルは書いていませんが、神を信じない方に賭けて負けた場合の方が重大かもしれません。つまり、神仏を敬いなさいという忠告を無視して好き放題に暴れて生活したあげくに、死んでみたら神さまがいました、という場合には、もしかすると地獄に落とされるかもしれません。宝くじにたとえれば、万一当たったりしたら、数億円を払わないといけないような地獄くじ、悪魔くじのようなものです。こういうくじをわざわざ買う人がいるとは思えませんし、かりに無料で配布されていたとしても、それを受

天国

け取る人はいないでしょう。

こう考えてくると、神を信仰することは、死後にまで拡張された人生の、ある種の保険のようなものに見えてきます。通常の保険は、事故が起きたときに保険金が支払われますが、事故が起きなければ払ったお金は無駄になります。信仰という保険は、死んだ後に、もし神さまがいれば天国や極楽や永遠の生命というご褒美がもらえますが、いなければ、その信仰のために犠牲にした多少の（場合によってはとても高額かもしれません）金銭や時間が無駄になります。また、その信仰保険に入ることで、悪魔くじのようなケースを避けられるとなると、この信仰保険に入ることは、少なくとも通常の傷害保険に入る人と同程度には、合理的であるように思えてきます。

そろそろ話を戻しましょう。もし信仰が価値をもつとすれば、その価値はどのようなものか、というのが私たちの問いでした。ほら吹きの言うことを頭から信じることと、宗教の信仰が違うとすれば、それは信仰に独特の価値があるからではないか、というのが最初の予測でした。

そこで信仰が、有益という意味での価値をもつ可能性を考えてみたのですが、このような、保険のような意味での価値が、その違いを説明するようには思えません。極端な話、ほら吹きの言うことも、たまには当たることがあるでしょうし、この意味でなら、有益なほらもあるでしょう。

競馬場で、「今日の十一レースの八番を複勝で買っておくといいよ」というほら吹き男の言うことを信じてその馬券を買ったら、たまたま当たって大もうけをした場合、このほらは結果的に有益だったのですが、だからといって、ほらを信じることに価値があることにはならないでしょう。

ですから、パスカルの賭けは、ある意味における信仰の有益さを説明していますが、私たちが求めているような意味での信仰の価値を説明してはいないようです。

3 神さまの声が聞こえる人

しかし、ほらとほらでないものは、どう見分けたらいいでしょうか。もちろん、その人が悪意のある嘘つきの場合は簡単です。しかし、本人が、自分が嘘をついていることを自覚していない場合は、少し話がややこしくなります。

たとえば、「神さまがいて、この世界は神さまの愛の力で輝いている」ということを、心の底から言う人がいたらどうでしょうか？　真剣に、心の底から、善意にあふれて間違ったことを言う人はたくさんいます。宗教についても同じです。このようなときに、私たちはどう対応すればいいでしょうか。

かつて私は、「渋谷行きのバス停はどこですか」と聞かれて、誠心誠意、自信たっぷりに、間違った方向を教えてしまったことがあります。自分はそのバスを利用したことがないので、バス停の場所を勘違いしていたのです。

だれかに何かを教えるとき、あるいは、だれかに向かって何かを主張するとき、私たちは、自分が強く確信を持っているかどうかではなく、それが本当かどうかに注意しなければなりません。確信を持っているかどうかが大切なのは、確信という心の状態が、確信していることが本当であることの、よい指標だからです。私たちが確信を持っていることは、そうでないことに比べて、事実である割合が高いでしょう。そのかぎりで、自分が確信を持っているかどうかということは、それが事実かどうかを判定するときに役立ちます。

しかし、先の例が示しているように、確信は、事実であることを保証するものではありません。つまり確信は、それについて知っていることには足りないのです。

ここで、もっと一般的なことが言えるかもしれません。すなわち、何かを主張するためには、それを知っていることが必要だ、ということです。逆に言えば、知っていると言えないなら、それを主張してはいけない、ということになります。

私は渋谷行きのバス停の場所を知っていたわけではありません。だって、間違っていたのですから。同じようにあの善意にあふれた信者さんも、もしそれを知っているのでないならば、そのように主張してはいけないことになります。

しかしここで問題が発生します。自分がそれを知っているかどうかは、どうやったらわかるのでしょうか。私は、渋谷行きのバス停の場所を完全に間違って覚えていました。しかし自分では知っているつもりだったのです。善意にあふれた信者さんも、神さまがいることを確信し、自分がそれを知っていると思っているとすれば、どうすればいいでしょうか。

4　本当のことを正しく思う

現代の、認識論と呼ばれる分野では、「知る（Know）」ということの必要条件として、「思っていること（Belief）」「真であること（True）」そして「正当化されていること（Justification）」の三つを挙げます。

もし私が、「渋谷行きのバス停は交差点の角にある」ということを知っているのであれば、私はそう思っていないといけません。思ってもないことを知っているというのは変なことです。また、先ほども言いましたが、知っているためにはそれが真でないといけません。「カナダの首都がトロントであることを知っている人はいない」という文は、調べてみるまでもなく、正しい文です。なぜなら、カナダの首都はトロントではなくオタワなので、それを知っている人はぜったいにいないからです。

さらに、本当のことを思っているだけでは知っていることにはなりません。私が「渋谷行きのバス停は交差点の角にある」と思っていて、かりに本当にそこにあったとしましょう。しかし、私は何か勘違いしてそう思っていたので、これはまぐれ当たりです。

東京駅行きのバスならば、日常的に利用するので、十分な証拠をもっていますが、渋谷行きは使わないので、バス停のようなものをバス停だと勘違いしていたのです。

ですから、知っているためには、本当のことを、正しく、思っているということが必要です。現代の認識論では、「知識とは正当化された真の信念である」という言い方で共有されています。

この三つの要素のうち、本書と関係が深いのは「本当のことを正しく思う」の正しくの部分です。私のバス停についての勘違いの例が示しているように、確信をもって思うことは、正しく思うことと同じではありません。確信があっても間違うことがあるからです。ですから「正しく」の部分は、自分だけで判定すべきではないでしょう。いくら確信があっても、間違っていたのですから、客観的に見て証拠が足りなかったのです。

こう考えると、「本当のことを正しく思う」というのは、「本当のことを客観的に正しく思う」と言い換えてもいいでしょう。知っているということは、本当のことを、客観的に正しいしかたで、思っているということであって、他人に向かって主張していいのはそういうことだけだ、ということになります。

では、本当のことを思っているしかたが客観的に正しいとは、どういうことでしょうか。繰り返しますが、本人がそう確信していることや強くそう思っていることでは足りません。それは主観的に正しいかもしれませんが、客観的に正しいとは限りません。

5　信頼性が大切です

このような客観的な正しさとして注目されてきた特性に、信頼性があります。先ほどもありましたが、確信していることは、知っていることには足りませんが、いい指標にはなります。私たちは、本当のことについて確信する傾向があるので、逆に確信していることであれば、本当である確率が高いのです。私は多くのバス停の場所を確信していますが、そのほとんどは本当の場所でしょう。その意味で、主観的な確信は、客観的に正しい確率が高いという意味で、いくらかの信頼性があります。残念ながら、その確信だけでは、客観的な正しさには足りないのですが。

信頼性とは、本当のことを思っている状態を作り出す確率の高さだと考えられますので、主観的に閉じた話ではなくて、たとえば実験室でデータを取ったりできる、客観的で風通しのいい、科学とも親和性のある話になります。たとえば、人間が備えている視覚や聴覚などの感覚や、単純で基本的な算術や論理計算の力、記憶や帰納的な推理などはすべて、信頼性の高い能力だと考えられ、これらの能力が生みだした「本当のことを思っている状態」が「知っているという状態」であると考えることは、「知っているとはどういうことか」という問いに対するスマートな解答のように思えます。

現代の認識論では、「本当のことを正しく思う」の「正しく」を、このように信頼性を手がかりに考えようとする立場を信頼性主義と呼びますが、この立場は現代の認識論の中で重要な役割を果たしています。

しかし実は、信頼性主義はうまくいかないことがわかっています。なぜなら、先ほども言いましたが、信頼性を出すには確率を出す必要がありますが、その計算がうまくいかないからです。確率を計算するには、皆さんもご存じのように、同じことを何度も行って、ある事柄が起きる回数を数えなければなりません。同じサイコロを何度も振って、たとえば2が出る回数を数えて、2が出る確率を計算します。同じように信頼性を出すには、同じ状況を何度も観察して、それが本当である回数を数える必要があります。

しかし、その同じ状況とはどういうことでしょうか。これが決まらないと、何の確率を取っているのか分からなくなります。毎回違うサイコロを振るようなものです。高い確率が出たとして、それは何の信頼性の高さを示しているのでしょうか。

単純に、視覚の信頼性を考えても、世の中に「視覚」という抽象的なものがあるわけではないので、必ずそれは、具体的なだれかの、ある特殊な状況の下での視覚でしょう。その具体性や特殊性を書き出すと、「○月○日、年齢○○才○ヶ月、食後○時間、起床後○時間、（以下延々と続く）の視覚」、という膨大な、ほとんど無限の条件が付いたものになるはずです。信頼性を出すためには、この無限の条件をどこかで整理してまとめ、その特定の条件に合う人と状況での視覚について、何度も測定をしなければならないはずです。しかし、どうすればそんな整理ができるでしょうか。

つまり、サイコロなどの、きわめて単純化された理想的なものについては確率を取ることができますが、人間の認知活動などのような、千差万別の状況の中できわめて柔軟に行われていることについて、あるプロセスを確定してその信頼性を出すなどということは、現実問題として不可能です。

ですから、信頼性主義は、個別的なデータの積み重ねによって信頼性を出して、その結果として「正しさ」を判定しよう、という提案としては失敗します。その結果、むしろ、何らかのかたちで天下り式に与えられた「能力」について信頼性を認め、その能力が働いた結果として「本当のことを思っている」という状態が生じた場合に、それを知識として認めようという提案に変化しました。こちらの方は、徳認識論という別の名前で呼ばれています。

6　徳認識論

私たちは今、先ほどの、善意あふれる信者さんの発言を評価する準備をしています。少し振り返りながら、これまでの話を整理してみましょう。「神さまがいて、この世界は神さまの愛の力で輝いている」ということを、真剣に、心の底から、善意にあふれて言う人について、私たちはどう反応すべきでしょうか。

これまでの話を踏まえると、その信者さんがそう主張するのであれば、信者さんはそれを知っていなければなりません。知ってもいないことを主張するのは無責任です。そして知っているためには、客観的に正しいしかたでそう思っていなければなりません。

では、この場合の客観的な正しさとはなんでしょうか。

すぐに思いつくのは、その主張に証拠があるかどうかを確かめることでしょう。言っていることに証拠や根拠があるかどうかは、それが嘘なのか本当なのかを見抜くための重要な指標となります。

ですが、問題なのは、私たちは自分のすべての知識について証拠をもっているとは限らないという点です。この点は、前に、「信じる」と言うことの重要性に目を向けたときに確認しました（198、9ページ）。私たちは、いつも、多くのことをただ信じて生きています。

あのときは、耐震基準を満たしているか、牛肉の生産地はどこかという、比較的社会的で複雑なことを例に挙げましたが、もっと単純で基本的なことで証拠がないものがあります。それは感覚です。

たとえば、目の前に赤い色の花があるとしましょう。あなたはそれを見て赤いと感じ、それが赤いことを確信するので、「この花は赤い」と発言します。その花に目も向けず、

「いや、赤いはずがない」と言う人に対しては、あなたは強い確信を持って「私はそれが赤いことを今この目で見ているのだから、ぜったいに赤い」と反論し、説得しようとするかもしれません。そしてそれは、ごく自然なことであり、正当なことです。

しかしこのとき、かりに、相手がそれを直接自分の目で見ることができなかったらどうでしょうか。「あなたに赤く見えること以外に、それが赤い証拠や根拠を言ってください」と言われたとしたら、あなたはどうしますか？

おそらくその場合には、過去の色覚検査で自分の色覚特性が少数派だと言われたことがないことや、現在の照明がごく普通の太陽光であり赤いライトがどこかから当たったりはしていないこと、また、うっかり赤い色のサングラスをかけていたりもしないことなどを列挙して、その花が赤いことの証拠とするでしょう。しかし結局これは、正しい環境のもとでその花が自分に赤く見えているからその花は赤いのだと繰り返しているだけです。

つまり五感で感じることや感情など、私たちの意識に直接的に現れることは、それをそう感じていることが最終証拠なのであって、それ以上の証拠はありません。赤いものは赤いし、痛いものは痛いのです。いくら他人が、「いや、痛いはずがない」と言っても、本人が痛ければ、痛みが生じていることは事実です。

そうすると、先ほどの、善意にあふれた信者さんの発言も同じではないでしょうか。「神さまがいて、この世界は神さまの愛の力で輝いている」という発言についても、それがこの人のある種の感覚に基づいている場合には、証拠はこの人がそう感じていること自体にあるのであって、それ以外にはありません。

いや、これは諦めるのが早すぎるかもしれません。先ほど出てきた、信頼性という手がかりを使えば、もう少しがんばることができないでしょうか。つまり、この信者さんがそのように言うのなら、その信者さんの「ある種の感覚」の信頼性を問題にすべきです。この信者さんに、神を感じる感覚、神の愛を感じる感覚が信頼できる能力として備わっているのであれば、この人の信念は正当化されます。そして本当に神がいて世界を愛していれば、この人はそれを知っていることになるでしょう。

先ほど見たように、この能力の信頼性を、ボトムアップでデータを積み重ねることで測定することは原理上不可能です。ですから、このような神を感じる感覚を、信頼できる能力として認められるかどうかということに、問題は集約します。もし、それを認めていいのであれば、この善意の信者さんは、痛いものを痛いという人と同じように、まったく間違っていないことになります。

まるで手品のような議論だと感じるかもしれませんが、現在、実際にこのような主張を展開している人たちがいます。この人たちは、改革派認識論と呼ばれる哲学の一派で、「神さまが存在する」を含む宗教的なさまざまな発言が、何の証拠ももたないにもかかわらず、人間に備わっている神感覚によって生み出されているかぎりで、正当で合理的な信念であり知識であるという主張を実際に行っています。

7 神さまを感じる感覚

私たちが考えないといけないことはここからです。「神さまがいるということは、この花が赤いことと同じように、感覚によって感じられることだから、後者が完全に正しいのとまったく同様に、前者も完全に正しい」という主張に、どのように応じればいいでしょうか。

第一印象として、神感覚を持ち出すこの議論は、あまり良質のものとは思えません。ときどき、自分には霊感があるとか霊が見えるとか言う人がいますが、同じ臭いがします。しかし、現代のこの分野の論争が示しているように、この主張を批判することは思っているほど簡単ではありません。視覚や聴覚には合格点を出して、神感覚や霊能力は不合格にするような基準がなかなか見つからないのです。

例えばある人は、私たちが使っている言語にその手がかりがあると考えました。つまり、「視覚」や「聴覚」などの正当な感覚は、長い歴史の中でその信頼性と有益さが実証され、それを指す特定の名前ができて、私たちの言語の中に単語として存在しています。これは日本語に限らず（すべてかどうかはわかりませんが）多くの他の言語でも同じでしょう。これに対して、「神感覚」は、そのようなかたちでは私たちの言語の中にはありません。このことが、正当な感覚とそうでない感覚を区別するのに使えるのではないか、というわけです。

実用的でいい考えだと思いますが、なんとなく、知りたいところを全部、言語の成立過程という歴史の深い闇の中に放り込んでしまっているようにも思います。私たちが知りたいのは、なぜ視覚は普通に信頼できて神感覚はそうでないのかということなのですが、この説明では、その部分が何も答えられていません。

信頼度が高い能力にはすべて言語の中で名前が与えられているはずだ、という推測も怪しいです。現在の科学は、盲視など、これまで知られていなかったいくつかの感覚を人間がもっている可能性があることを教えてくれています。そうすると、人間には、まだ名前が付いていない感覚がいくつかあるのかもしれません。

逆に、言語の中で名前が与えられているから正当で信頼できる能力だ、というのも同じくらい怪しいです。何といっても私たちの言語は、長い年月の中で複雑な経緯の中でできあがったものですから、いろいろと不純なものが紛れ込んでいることは十分に予想できます。たとえば「神感覚」も、私たちの言語の中に単語として存在しないと言いましたが、実は宗教改革で有名なカルヴァンが書いた十六世紀の本の中に出てくるのだそうです。「霊感」なども、私たちの言語の中にまったく存在していない言葉かというと、そうは言い切れないでしょう。

このように、正当な感覚とそうでない感覚を見分ける手がかりを言語の中に求めるのは、便利な側面もありますが、それだけに頼るのはやや苦しいようです。やはりここでも、単純で機械的な手続きはないのだと思われます。

おそらく私たちは、なぜ視覚は正しくて神感覚は怪しいのか、という問題に、簡単に答えることはできないと腹をくくるべきでしょう。私たちは常に、通常の状態で視覚が信頼できることを、その信頼度の高さに基づいて確認し、逆に、どのような状況だと信頼性が落ちるのかということについても、錯視などの現象に触れて、人間の視覚が持っているクセや傾向性についての理解を深めることによって、弱点も含めた視覚の信頼性を、より詳細に査定していくべきなのでしょう。

神感覚についても同様で、たとえば、それが通常の人間には備わっていないことを確かめ、備わっていると主張する人の言動をよく観察し、その人が他のことについても証拠を軽視する傾向があることや、だれにもないものを自分だけが持っているという優越感を強く感じたがる性格だったり、独断的で強い言葉を用いる傾向が強いこと、等々を観察して、そのような感覚についてのできるだけ正確な評価を下すように努めるべきでしょう。

8　正しい道の尋ね方

このことは、私たちの社会の中で、知識というものがどのようにメンテナンスされているかということに目を向けさせてくれます。

「この花は赤い」と「神さまがいる」は、（もし神感覚が本当にあるならば）どちらも感覚が教えてくれることです。そのかぎりでは、赤く見えるから実際に赤いのとまったく同様に、神さまがいると感じられるから実際に神さまがいると言っていいはずです。

しかし、少し前の議論が示しているように、このようなときでも、それを言っている人、そのようなことを主張している人の言動をよく観察して、総合的な視点から、その主張の正当さを判断する道が開かれているようです。

あらためて考え直してみると、こういうことは、いわば私たちの常識の一部であるとも言えます。ある発言について、それがどの程度信頼できるかということは、その内容がどの程度の証拠に裏付けられているかということに加えて、場合によってはそれよりも、その発言をした人がどのような人か、ということが重要です。

たとえば私たちが、あまり行ったことがない土地で道に迷い、だれかに声をかけて目的地までの道順を聞こうとしたときに、だれでもいいから通りかかった人に声をかけるということはしないと思います。無意識にでも、声をかける人を選択し、大丈夫そうな人に声をかけるでしょう。その「大丈夫そうな」という部分は、とても微妙で、言葉で説明することはできないかもしれません。ただ、その人の年格好、歩き方、表情、声をかけたときの様子などを瞬時に総合的に考え合わせて、教えてくれた内容が本当かどうか、どの程度信頼していいかを判断するでしょう。

たとえばこのような場合には一般的に、明らかに観光客のような人に道を尋ねたりはしません。スーツを着て足早に歩いている人も避けるでしょう。普段着でエコバッグを提げて、買い物帰りのような雰囲気で、ゆったりと歩いている人がいればラッキーです。そういう人の情報は大丈夫である可能性が高いのです。

9 知らないおじさん

ところで、この「大丈夫さ」というのは、もう少し専門的な言葉で「安全性」と言い換えることができます。私たちは、暮らしの中で知識を得たいときに、その情報源が大丈夫かどうか、つまり安全かどうかを気にします。

安全かどうかは、逆から言えば危険でないかどうかです。私たちは危険と隣り合わせに生きていますから、安全であることはとても重要なことです。

私たちは、知らない土地で道を尋ねる場合だけでなく、日常生活のありとあらゆる場面で情報の受け渡しを行っていますから、そのつど、意識するしないにかかわらず、安全性の評価を行っています。

たとえば、小さい子供であれば、両親をはじめとして周囲の大人が保護していますから、本人がそれほど情報の安全性を気にすることはありません。しかしそれでも、「知らないおじさん」という言葉と共に、彼らも世の中には安全でない情報があることを意識しています。

両親や先生の言うことはそのまま聞いていいし、聞かなければむしろ叱られるけれども、知らないおじさんの言うことは聞いてはいけないし、知らないおじさんに付いていったりしたらもっと危険だということを知っています。知っていると言っても、親や先生からそう言われたことをそのまま信じているだけなのですが、小さい子供にとってはそれで十分です。

このようにして、小さい子供であっても、情報には安全性の違いがあることを知っています。親や先生からの情報は安全であり、そのまま受け入れてもかまわないこと、そして知らないおじさんからの情報は安全性が低く、そのまま信じてはいけないことを学んでいるのです。

大人でも基本は同じです。一般的に社会的信用というものは、たんに経済的なことだけでなく、まさにこの意味での情報の安全性にかかわる部分があります。

たとえば、一般的な大人であれば、医者の言うことは安全だと考えているでしょう。医者が「この前の検査結果は陰性でした」と言えば、そのままその言葉を信じて、安心します。それは、このような場面での医者は安全だと考えられているからです。

しかしたとえば、中古車を買いにいって、店員が「この車は無事故ですよ」と言ったとき、その言葉をそのまま信じて安心する人は、少し人がよすぎます。長いつきあいがある販売店で、よく知った店員ならそういうこともあるでしょうが、もし初めての店であれば、「念のため、それを証明する書類を見せてください」と確認を取るのが普通でしょう。つまり、このような場面での中古車販売業者は、診察室での医師ほど安全ではないと考えられているのです。

相手がまず嘘を言っているということが前提になる場合もあります。犯罪捜査で、刑事が容疑者に「君はそのとき犯罪現場にいなかったのだね」と聞いて、「はい」と容疑者が答えたとき、その言葉をそのまま信じる刑事はいません。この場合の容疑者の情報は、安全性がきわめて低いと考えられるからです。

小さい子供が大人になると、このようにさまざまな状況の中で、その場に適した基準を用いて、相手の言っていることをどの程度信じていいかを瞬時に判断できるようになります。それがどのような仕組みで行われているのかは、本人にとってわからないだけでなく、だれにもまだその詳細が分かっていない、もはやこれは立派な研究対象と言ってもいいものです。

大人になると、知らないおじさんだからといって、頭から話を聞かないわけにもいかない場合があります。むしろ社会の中で生きていくとは、知らないおじさんといかにうまく付き合っていくかということでもあります。そんなとき、私たちは、その知らないおじさんがどのような人であるかを、さまざまな手がかりを使って、必要最小限のことをできるだけ早く把握し、そして情報のやり取りをしていきます。

社会的な存在としての私たちの、この種の安全さを担保する能力は、認識論では広く「（認識的な）徳」と呼ばれることもありますが、その意味で、私たちは社会の中で何を信じるべきかという場面で、このような徳を必要としていると言えるでしょう。

10　安全な信仰の見分け方

では、信仰の安全さはどのように考えればいいでしょうか。これまでの議論を踏まえると、そこに証拠を求めるのはお門違いです。また、有益さを求めるのも見当外れです。手がかりになるのは、それを信じている人がどのような人であるかということでしょう。

そしてこれは、前にも言ったことですが、単純で機械的な判断ではありえません。また、短期的な、あるいは単発的な評価でもありません。その人がどのような人かということは、その人の話し方、歩き方、表情など、あらゆる日常的で些《さ》細《さい》なことの中に現れて感じ取られることでしょうし、山あり谷ありの人生の中で、順境や逆境に際してどのような選択をしてきたかなど、ある程度の長いつきあいの中でわかってくることでもあります。

信仰に価値があるとすれば、それは、それを信じている人の価値に由来するものではないでしょうか。神さまがいるかどうか、魂が生き残るかどうか、それに答えられる十分な証拠はありません。保険に入るような意味で、信仰に頼るのも、悪いことではないでしょうが、見当外れだと思います。

それよりも、この世界にはさまざまな宗教があり、それぞれに信仰している人がいて、その中には、たしかに尊敬に値する人がいると思います。そのような人が信じていることだから、自分もそれを信じてみようと考えることは、少なくとも私から見るかぎり、それほど悪いことではないように思います。

前に出てきた、「ぼくにはどうして悪の問題が問題にならないのかを理解することが難しい」と言ったドイツ人の青年は、修道会に入るかどうかを真剣に悩んでいました。もし、同じような友人をもつ人は、自分もその信仰について真剣に考えるかもしれません。そしてそれは、私には無意味で無駄なことには思えないのです。

もちろん、宗教に対して批判的な目を向ける人からすれば、これは信仰に対して寛容に過ぎるでしょう。そもそも、悪意のある宗教は、敬虔《けいけん》な信者を演じることによって新しい信者を獲得しようとしてきたし、現に今でも、そのようなかたちで犠牲者が生まれていると言うかもしれません。

ですから私は、人を見ることの重要性を幾重にも強調したい。信仰について考えるときには、その信仰を自分に伝えている人がどのような人かを見極めることが、そしてそのことこそが重要なのです。

これは私たちが、社会の中で、助け合いながら生きることの一部でしょう。ほら吹きもいっぱいいる社会の中で、私たちは生き延びていかねばなりません。ほら吹きと、信頼できる人を見分ける能力としての徳は、安全な信仰にまずもって必要とされるはずです。

11　伝達から創造へ

信仰は、宗教的な事実を生み出す場面ではなく、受け取り、伝達する場面にあります。

私たちは、その伝達の質をできるだけ上げる努力をしなければなりません。そのやり方は一筋縄ではいかない複雑で微妙なものでしょうが、どのような人がそれを信じているのか、だれが何を自分に伝えようとしているかに注意することが、一つの大きな指標となるでしょう。

しかし私を含め、このような信仰のあり方に満足できない人は、とくに本書の読者の中には多いことでしょう。しかし哲学的な「神」の裏付けがない、宗教的な「神さま」だけの世界では、せいぜいこれが限界です。信じている人がどのような人であるかに目を向けることくらいしか、その信仰の価値を見極める手段がないとも言えます。

その意味では、信仰という伝達ゲームに参加することは、危険極まりない賭けだとも言えます。知らないおじさんにとりあえずついて行ってみるのとあまり違いはありません。

ですから、信仰もいいけれども、もう少し別のサポートも欲しいという人は、ぜひ「神さま」の背後にある「神」に目を向けましょう。そして、「がある」存在やΩやクオリアについて自分で考えてみてください。宗教と哲学が出会う豊かな場所が、きっとここにあります。

読書案内

本書を読んで、さらに自分で考えていきたいという人のために、参考となりそうな本を紹介します。日本語で書かれたものに絞り、新書や文庫など入手しやすいものを優先させています。文献はタイトルのみですが、巻末の「参考文献」のリストに詳細を載せています。

第一章

この章の内容は、拙著『「神」という謎』の第二章と第四章でより詳しく説明されています。フロイトについては、『幻想の未来／文化への不満』に含まれている「幻想の未来」の内容がもとになっています。アウグスティヌスについては、『告白Ⅰ、Ⅱ、Ⅲ』を勧めます。訳者の情熱が感じられる文学的な訳文で、最後までぐいぐい引き込まれることでしょう。悪の問題を含む宗教哲学全般については、この分野で活発な著作活動をしているジョン・ヒックの本が多く翻訳されていますので、興味がある人は、たとえば『宗教の哲学』を手始めに読んでみてはどうでしょうか。しかし当然、西洋人でない私たちには違和感が残るでしょう。西洋文明全般に対する理解を深めるためには、たとえば『カラマーゾフの兄弟』の中で、悪の問題がどのように展開されているかを感じることも有益でしょう。

第二章

この章で紹介したアンセルムスの論証は、『プロスロギオン』という著作に含まれています。直接この原典を読んでみたい人には、岩波文庫の古典的な翻訳があります。『プロスロギオン』以外の著作に興味を持った人には、最近出版されたすぐれた邦訳『中世思想原典集成』をお勧めします。アンセルムスが、この時代にしては異様に高度な知性を持っていた人物であることがわかるでしょう。また、『「神」という謎』の第九章には、この証明についてのより詳しい解説があります。

第三章

本書では、「である」と「がある」の区別について、日常的な直観に基づいて書いてみましたし、結局それが一番重要だと思うのですが、より多角的に理解するためには、現代の論理学や、それに影響を受けた哲学が、「存在」をどのように理解しようとしてきたかを勉強することが役立つでしょう。そのような試みの古典的な実例としては、少し難解ですが、やはり『論理的観点から』をお勧めします。図書館で見つけたら手に取ってみてください。また、ここから現代の論理学そのものに興味が湧いた人は、「論理学」というタイトルがついた多くの本が出版されていますので、自分に合ったものを見つけて、できれば先生や友人と一緒に勉強を始めるといいでしょう。一人で頑張りたい人にとっては、『論理学をつくる』が今なお最高の入門書です。「である」存在を使った神の存在論証は、それぞれ宇宙論的論証と目的論的論証と呼ばれているものです。これも『「神」という謎』の第六章と七章で詳しく解説されています。「がある」存在を使った神の存在論証は、（少なくとも私の解釈では）トマス・アクィナスの『神学大全』の中に出てきます（第三問第四項）。『神学大全』の翻訳は、丁寧な注がついた山田晶訳がお勧めです。

第四章

プラトンの『パイドン』は日本でも人気があり多くの翻訳がありますが、現代のプラトン研究の第一人者納富信留によるものが最新かつ最良でしょう。クオリアについては、すでに数多くの本が出版されていますし、ネット上にも情報があふれていますので、ちょっと探索するだけで膨大な情報が手に入ると思います。ですが、たくさん情報を仕入れればわかるというものでもないのが、クオリアをめぐる問題のやっかいなところ、そして面白いところです。クオリアについての哲学的な問題設定がよくわからない、という人は、解説書として定評のある

『心の哲学入門』の第二章を読んで整理をするといいかもしれませんが、もう少し手前で、クオリアやそれに類したさまざまな問題へ接近するしかたについて理解を深めたいという人は、いっそ、『知覚の哲学』から始めるのが近道かもしれません。「クオリアの問題」はもともと分析哲学の設定の中から出てきましたが、本書が問題にしている「クオリア」は、必ずしもそのような設定を前提とせず、現象学をはじめとした哲学の他の分野と結びついています。

第五章

魂と「私」の問題は、仏教思想の根本にあるものなので、もしその秘密が知りたいなら、まずは般若心経などの仏典や、道元の『正法眼蔵』などを読み、つべこべ言わず座禅を組んで修行すべし、とかつては言われたものですが、そういう旧来の雰囲気をひっくり返したのが永井均『〈子ども〉のための哲学』であり『翔太と猫のインサイトの夏休み』です。言葉を使ってあでもないこうでもないと言いながらでも、「私」の問題は考えられるし、それがとても面白いことを教えてくれます。また、輪廻転生に興味がある人は、『多宇宙と輪廻転生』の目眩がするような思想の冒険を大いに楽しむことができるでしょう。私自身は、この二人から本書に書いたようなことをおおっぴらに書いてもいいのだという勇気をもらいました。また、魂と「私」の問題を、とくに東洋思想との関連で考えてみたいと思った人は、ぜひ『意識と本質』を手に取ってみてください。必ずしも読みやすくはなく、すぐにでも出家したくなるような強い刺激を含む本ですので、ある程度の警戒が必要ですが、その点に注意しながら読むならば、この章のテーマがどれだけの広がりと深みをもつかを感じることができるでしょう。

第六章

スピノザについては、岩波文庫に収められている『エチカ』を手に取り、最初からゆっくり読んでいくのが最良です。それでわからなくなったら、数多くの解説書が出ていますので、そういうのを読んでみるのもいいかもしれません。定評があるのは『スピノザの世界』です。あと、『スピノザの形而上学』の独創的な解説は、古典的な哲学書を読む喜びを教えてくれます。トマス・アクィナスの認識論の基本は、『神学大全Ⅱ』の第十四問題です。クオリアと「がある」存在とを結び付けるのは、私が本書で試みた挑戦ですが、それについては第十二問題から多くのヒントをもらいました。

第七章

この章の基本的な骨組みは、『「神」という謎』の第四部「信仰と理性」であり、そこでは、パスカルの賭けだけでなく、クリフォードの宗教批判やジェイムズの「本物の（正真正銘の）選択」について解説しています。また、証拠主義と信頼性主義の対立、信頼性主義から徳認識論への展開など、現代認識論の基本的な枠組みについては『現代認識論入門』を参照してください。また、『知識とは何だろうか』では、現代認識論の基本から、その多方面への応用に及ぶまでの最新の議論を、良質の訳文と解説で読むことができます。

参考文献

アウグスティヌス（二〇一四）『告白Ⅰ、Ⅱ、Ⅲ』、山田晶訳、中公文庫
アクィナス、T.（二〇一四）『神学大全Ⅱ』、山田晶訳、中公クラシックス
アンセルムス（一九四二）『プロスロギオン』、長澤信壽訳、岩波文庫
アンセルムス（二〇二二）『中世思想原典集成【第Ⅱ期三】アンセルムス著作集・書簡集』、上智大学中世思想研究所監修、矢内義顕訳、平凡社
井筒俊彦（一九八三）『意識と本質――精神的東洋を索めて』、岩波書店。文庫版は、岩波文庫、一九九一年
上枝美典（二〇〇七）『「神」という謎［第二版］――宗教哲学入門』、世界思想社

上枝美典（二〇二〇）『現代認識論入門――ゲティア問題から徳認識論まで』、勁草書房
上野修（二〇〇五）『スピノザの世界――神あるいは自然』、講談社現代新書
金杉武司（二〇〇七）『心の哲学入門』、勁草書房
クワイン、W．V．O．（一九九二）『論理的観点から――論理と哲学をめぐる九章』、飯田隆訳、勁草書房
スピノザ（一九五一）『エチカ――倫理学（上）（下）』、畠中尚志訳、岩波文庫
戸田山和久（二〇〇〇）『論理学をつくる』、名古屋大学出版会
ドストエフスキー（二〇〇六―〇七）『カラマーゾフの兄弟一、二、三』、亀山郁夫訳、光文社古典新訳文庫
永井均（一九九六）『〈子ども〉のための哲学』、講談社現代新書
永井均（二〇〇七）『翔太と猫のインサイトの夏休み――哲学的諸問題へのいざない』、ちくま学芸文庫
ヒック、J．（二〇一九）『宗教の哲学』、間瀬啓允、稲垣久和訳、ちくま学芸文庫
フロイト、S．（二〇〇七）『幻想の未来／文化への不満』、中山元訳、光文社古典新訳文庫
プラトン（二〇一九）『パイドン』、納富信留訳、光文社古典新訳文庫
プリチャード、D．（二〇二二）『知識とは何だろうか――認識論入門』、笠木雅史訳、勁草書房
松田克進（二〇〇九）『スピノザの形而上学』、広島修道大学学術選書
三浦俊彦（二〇〇七）『多宇宙と輪廻転生――人間原理のパラドクス』、青土社
メルロ＝ポンティ、M．（二〇一一）『知覚の哲学――ラジオ講演一九四八年』、菅野盾樹訳、ちくま学芸文庫

あとがき

本書の内容は、私がかつて勤務した福岡大学での講義がもとになっています。いろんな反応を寄せてくれた当時の学生さんや受講生の皆さんに、この場を借りて感謝します。また、第五章の「四つの不思議な話」は、福岡大学退職後に、ある講座で取り上げたものが以下の本に収められています。『新生――生命の教養学X』高桑和巳編、慶應義塾大学出版会、二〇一四年。

本書を執筆した二〇二二年の秋から翌年の春にかけては、身近な人の健康を案じることがいくつかありました。今から振り返ると、それが本書にいい意味での緊張感を与えてくれたようにも思います。本書を施設にいる両親とリハビリ中の妻に捧げます。

また、ちくまプリマー新書編集部の鶴見智佳子さんには、企画段階からお世話になりました。記して感謝します。

二〇二三年四月

上枝美典

chikuma primer shinsho

ちくまプリマー新書429

神《かみ》さまと神《かみ》はどう違《ちが》うのか？

二〇二三年六月十日　初版第一刷発行

著者　上枝美典（うええだ・よしのり）

装幀　クラフト・エヴィング商會

発行者　喜入冬子

発行所　株式会社筑摩書房
東京都台東区蔵前二‐五‐三　〒一一一‐八七五五
電話番号　〇三‐五六八七‐二六〇一（代表）

印刷・製本　中央精版印刷株式会社

ISBN978-4-480-68454-7 C0210 Printed in Japan